インド思想史

中村　元

講談社学術文庫

はしがき

インド思想史についての講義を大学で始めてから二十数年になるが、いつも完結したことがなく、また浅深の程度もなかなか一様にゆかず、聴講者に対しても申し訳なく思っている。せめて梗概だけでもまとめて印刷しておきたいと思ったが、自分の未熟のためにまず個別的な研究に追われ、なかなか思うに任せなかった。しかし、いつまでも放っておけないので、うまずたゆまず熱心に催促を続けられた岩波書店の好意に従い、粗雑なかたちのままでとにかく一九五五年にひとまず書き了えた。しかしその後十余年を経過すると、不備や不適当な叙述が目につくし、著者自身も個別的考究をさらに進めたし、書きしるしておきたいことにもいろいろ気づいたので、ここに新たに改稿版を刊行することにした。

ただこの小冊子にインド思想史全体をまとめて述べることは極めて困難であるので、個々の思想体系については、特徴を簡単に浮き彫りにするという程度にとどめた。またインドの典籍は成立年代がはっきり解らない場合が多いし、また一つの典籍が数百年かかってつくられる場合もあったために、どの時代のもとで論ずべきか大分考えあぐんだ場合が多い。歴史的に区切って叙述すると、どうしてもこの難点がつきまとうのであるが、著者としてはこれ以上にどうともすることができなかった。

初版は一九五六年に発行されたが、当時は戦後の混乱からようやく立ち直り海外との交渉も開けはじめた時代であったので、知り得た海外の新研究、国内の新しい研究を紹介したいという希望が強く、そのために、註記において多数の文献を挙げておいた。ところが、それから十年以上を経過した今日となると、新しく発表された研究文献が非常に多くなって到底この小著に列挙することが不可能となったので、研究文献は一括して、Hajime Nakamura: Religions and Philosophies of India: A Survey with Bibliographical Notes (Hokuseido, 1974) のうちに挙げておくことにして、ここではなるべく一般読者が入手し易い書（主として邦文）のみを挙げることにし、欧文のものは、標準的なもの、または比較的新しいもの若干に限ることにした。専門に勉強される方は、研究文献を列挙した右の書に当たって頂きたい。その代わりに本文を詳しくまた解り易くすることにつとめ、少しでも内容の充実を期した。どの章節も簡単すぎるという非難は免れ得ないであろうが、しかしインド思想史が豊かで多方面のものであるというすがたは幾らか伝え得たのではないかと考えている。

本書の編集などについては特に岩波書店の松島秀三氏に何かとお手数をかけたことを記して、謝意を表する。

著者しるす

一九六八年七月八日

凡　例

一、しばしば引用する書は略号で示した（略号表参照）。

一、書名または論文名の右上に＊印があるものは筆者の著という意味である。

一、漢字の右上に＊印を附してあるのは、漢訳仏典における特殊な用語であり、現代人の漢字常識をもって解してはならぬという意味である。

一、引用に当たって原文の直訳には『　』、意訳には「　」を用いた。

一、参考文献はなるべく邦文の飜訳と研究のみに限り、原典は挙げないことにした。しばしば引用した場合には、最初に引用した際に、出版社・出版年などを挙げてある。

略号表

『印仏研』	『印度学仏教学研究』
宇井『印哲研』	宇井伯寿博士『印度哲学研究』
『雲来文集』	『荻原雲来文集』（大正大学内荻原博士記念会発行、昭和十三年）
『壺月全集』	『渡辺海旭遺文集　壺月全集』上巻（壺月全集刊行会、昭和八年）
『東北大報』	『東北大学文学部研究年報』
『東北目録』	東北帝国大学法文学部編『西蔵大蔵経総目録』東北大学、昭和九年
『名大論集』	『名古屋大学文学部研究論集』
AGPh.	P. Deussen: Allgemeine Geschichte der Philosophie I, 1–3, Leipzig 1894 f.
AWL.	Akademie der Wissenschaften und der Literatur. Abhandlungen der Geistes- und Sozialwissenschaftlichen Klasse. Verlag der Akademie der Wissenschaften und der Literatur, in Mainz in Kommission bei Franz Steiner Verlag GMBH. Wiesbaden.
Bhandarkar: VS.	R. G. Bhandarkar: Vaiṣṇavism, Śaivism and Minor Religious Systems, Strassburg 1913.
Bṛhad. Up.	Bṛhadāraṇyaka-Upaniṣad.
Chānd. Up.	Chāndogya-Upaniṣad.
Dasg.	S. Dasgupta: A History of Indian Philosophy, 5 vols., Cambridge 1922 f.

ERE. James Hastings: Encyclopaedia of Religion and Ethics.

Farquhar. J. N. Farquhar: An Outline of the Religious Literature of India, London 1920.

HOS. Harvard Oriental Series.

HPhEW. History of Philosophy Eastern and Western, 2 vols., London 1952, 53, ed. by S. Radhakrishnan and others.

MN. Majjhima-Nikāya.

RASB. Royal Asiatic Society of Bengal.

Ruben: GIPh. Walter Ruben: Geschichte der Indischen Philosophie, Berlin 1954.

SBE. Sacred Books of the East, ed. by F. Max Müller, Oxford.

ŚBr. Śatapatha-Brāhmaṇa.

SDS. The Sarva-darśana-saṃgraha or Review of the Different Systems of Hindu Philosophy by Mádhava Áchárya, translated by E. B. Cowell and A. E. Gough, 4th ed., London 1904.

Sn. Suttanipāta.

SN. Saṃyutta-Nikāya.

W. Moritz Winternitz: Geschichte der Indischen Litteratur, 3 Bde., Leipzig 1908 f.（英訳増訂版、A History of Indian Literature, tr. by Mrs. S. Ketkar, 2 vols., University of Calcutta 1927, 1933）（本書では第一・二巻は英訳から、第三巻はドイツ語原書から引用した）。

Wilson: Sects. H. Wilson: Sketch of the Religious Sects of the Hindus, 2nd ed., London 1861.

発音に関する注意

インドの原語を記すためにローマ字を用いたが、特別のもの以外はローマ字書きのとおりに発音すればよい。

母音　a, i, u は短かくア、イ、ウと発音し、ā, ī, ū は長くアー、イー、ウーと発音する。e と o とは常に長くエー、オーと発音する。ṛ は母音として用いられた r であり、リの音に近い。

子音　母音 a を加えると、ca はチャ、ja はギャ（チの濁り）、ña はニャ（例えば般若のニャ、フランス語 montagne の gn 音）。ṭ, ḍ, ṇ は普通の日本語の t, d, n よりも舌の先を幾らか内側に向けて発音する。英語の t, d, n をインド人は ṭ, ḍ, ṇ で写す。ṣ はシ、ś はヒに近いシである。子音の直後の h の音は、はっきりと発音する。ṃ は子音 m が鼻にかかって発音されたものである。

〔付記。以上は一般学者の通例に従ってしるしたまでである。ā は日本語の「アー」と「ア」との中間の長さであり、ṛ は「リ」よりも「ル」で写音すべきかもしれないし、ṭa, ḍa は「ラ」に近く聞こえ、tha は「サ」に近く聞こえるなど、種々の面倒な問題があるが、所詮日本の五十音の発音とは一致しないから、表記は一応の約束であると諒解されたい。〕

目次

第一節　正統バラモン系統　151

第二節　仏　教　180

インド思想史

第一章　アーリヤ人の侵入とリグ・ヴェーダの宗教

一　インドの原住民

インドは古来幾多の民族の活動舞台となり、そこでは多数の民族の文化が栄えたのであるが、インド文化形成の主動的地位を占めて来たものはアーリヤ（Ārya）人である。インド人の用いる主要な文化語はほとんどすべてアーリヤ人の言語に由来するものである。しかしアーリヤ人が侵入して来る以前にインドにはすでに他の諸民族が居住し(1)、それぞれ異質的なまた程度の異なる諸文化を発達せしめていた。そのうちでも特に注目すべきものはインダス文明（Indus Civilisation）(2)であろう。今世紀にインダス河流域（Amri, Moenjo-darō, Harappā, Chanhu-darō）の発掘によって知られたことであるが、西紀前三〇〇〇年よりも以前に始まり三〇〇〇――二〇〇〇年ころにこの地方に一民族が生存し、整然たる一定の都市計画のもとに宏壮な都市を建設していた。またグジャラートの海岸ロータル（Lothal）や首都デリーの近くからも近年この文明の遺跡が発見されたので、この文明は非常に広範囲にひろがっていたことがわかる(3)（これら周辺の遺跡は西紀前一五〇〇年ころまで続いたと想定されている)。

インダス文明においては高度の銅器時代文明を成立せしめ、メソポタミア文明との興味ある類似を示している。住民の一部は農耕および牧畜に従事していたが、他の一部は諸外国との交易に従事していた。ロータルでは港や造船所の跡が発見されている。ただこの文明の文字が未だ解読されていないので、この民族の思想を知るよしもないが、後世インドの民間信仰と密接な関係があるらしく、地母神の像やシヴァ神の像の原型らしいものや性器崇拝の形跡も認められる。樹神崇拝や動物崇拝も行なわれ、特に牡牛が崇拝の対象とされた。また禅定の修行や沐浴も行なわれていたらしい。大きな水浴場が発見されている。しかし寺院・殿堂・祭壇などはなく、また祭具も見当たらない。元来のアーリヤ民族と信仰を異にしていたことは確かである。

アーリヤ人が侵入して来たときインドには種々の民族が生存していた。褐色・短身・低鼻の民族であったムンダ (Muṇḍa) 人が北部インド一帯にひろがっていたことも、ほぼ確実な事実である。現在でもムンダ人の諸種族が奥地に存在しているが、かかる原住民は一般インド人と習俗を異にするので、現代でも問題を起こすことがある。かれらは一般インド人よりもさらに生活程度が低く、差別待遇を受けている。

しかしアーリヤ人にとって主要な敵対者はドラヴィダ (Dravida) 人であった。かれらは平原の諸所に小村落を形成し、母系的な家族制度と部族の構成による集団生活をいとなみ定住していたが、なお銅器文明の段階に留まっていたために、鉄の武器を使用したアーリヤ人によって征服・圧倒されてしまったと推定されている。かれらは共同社会の守護神として女神を崇拝し、また性器崇拝、蛇神および樹木の崇拝をも行なっていた。インドに侵入して来たアーリヤ人は最初のうちはこれに対して嫌悪の情を懐いたが、後にはそれらはインド諸宗教の民間信仰の中にもいちじるしい影響を及ぼしている。

アッサム、ベンガルの一部、ナーガランド（Nāgaland）には蒙古系の種族が住んでいて、かれらも一般インド人とはいちじるしく習俗を異にしている。

（1）原住民については*『インド古代史』上、一四—四七頁参照。

（2）最初の発掘の結果は、Mohenjo-daro and the Indus Civilisation, 3 vols., ed. by Sir John Marshall (London 1931) のうちに報告されているが、発掘以後五十余年の研究成果は、M・ラフィーク・ムガール博士の論文（『オリエント』vol. XVI, No. 1. 昭和四十八年十月）に要約されている。なお最大の遺跡の名をパキスタンの諸学者は Moenjo daro と書き、モエンジョ・ダローと発音する。

（3）S. Piggott: Prehistoric India, 1950 (Penguin Books). Mortimer Wheeler: The Indus Civilization (Cambridge History of India. A Supplementary Volume), Cambridge 1953.

二　アーリヤ人の五河地方侵入

アーリヤ人は西洋人と同じ祖先に由来する人種である。その原住地については学者の間で種々論議されて来たけれども、原住地はほぼコーカサス（Caucasus）の北方地域であったということが、近年立証されている。[1] かれらは遊牧民としての生活を送っていた。家畜の名称に関してはインド・ヨーロッパ諸言語の間にしばしば類似性が見られるが、穀物の名称に関してはほとんど類似が認められない。

時代の経過とともに、アーリヤ民族は原住地たる草原を出て他の地方に向かって移住を開始した。西方に向かって移動した諸部族はヨーロッパに定住してヨーロッパ諸民族となった。また東方に向かって移住した諸部族は、恐らく西トルキスタンの草原地帯に数世紀間定住していたらしいが、後にその一部が西南に移動し、イランの地に入り、アーリヤ系イラン人の祖先となった。また他の一部は東南に進み、ヒンドゥークシュ（Hindu Kush）山脈を越えて西北インドに入り、五河地方（Panjāb）を占拠したが、かれらはインド・アーリヤ人（Indo-Aryan）と呼ばれる。この侵入は西紀前十三世紀末のころであろうと推定されている。[2] そうしてこの新しい国土に居住して恐らく前一〇〇〇年ころまでに『リグ・ヴェーダ』の宗教を成立せしめたと考えられる。かれらが土地を占拠するためには、黒色・低鼻の原住民との間に猛烈な戦闘が行なわれたらしい。その経過は『リグ・ヴェーダ』の神話の中に反映している。アーリヤ人のほうが肉体的にも精神的にも強靭な民族であって、武器と戦術とにおいてすぐれていたために、ついにドラヴィダ人らを征服あるいは駆逐してしまった。原住民は人数は多かったけれども、全くアーリヤ人の支配下に隷属し、インド社会における最下の隷民階級（sūdra）を構成するに至った。したがって当時の社会においては、アーリヤ人より成る一般自由民の階級と先住民たる隷民の階級との区別が存しただけであって、未だ後世のカーストのようなものは成立していなかった。ただ国王と司祭者とが多少優越的な地位を占めていたにとどまるらしい。

アーリヤ人の社会構成を見るに、[3]家父長制度による大家族生活を営み、順次に大家族・氏族・部族を構成していたように考えられる。部族の長を王（rājan）と称する。王は一つの部族の中で選挙されたが、後には通常世襲となった。国王の権力は部族の集会（samiti）および連合集会（sabhā）に表明される人民の意思によっていちじるしく制約された。当時のアーリヤ人は血縁関係・言語・宗教における共同を自覚していたが、しかし諸部族の間に政治的な統一は存在せず、したがって一つの統一的国家を形成することはなかった。

当時の産業は牧畜を主とし、傍ら農耕を行なっていた。牧畜では牛と馬、耕作では大麦が主であったが、牛は最も尊重された。工芸も次第に発達し、大工、とくに車工・織工・鍛冶工・陶工の技術は徐々に進歩しつつあった。物品の売買には物々交換が行なわれた。

（1）　アーリヤ人の原住地はブナの木の繁茂していた地方、とくに北ドイツ・バルト海沿岸地方であったとの推定がかつて行なわれていたが、現在ではもはや支持されていない（亀井孝「いはゆる「言語学的古生物学」の成立」『一橋論叢』第十六巻第一・二号）。

（2）　善波周氏は西紀前十三世紀前後には春分・秋分・夏至・冬至が実測されていたといわれる（『東方学報』京都、第十三冊、五七頁）。

(3) 以下については*『インド古代史』上、五一―八〇頁参照。

三 リグ・ヴェーダの宗教[1]

『リグ・ヴェーダ』(Ṛg-Veda) はインド・ヨーロッパ人の有する最古の文献の一つであり、またインド最古の文献である(リグとは讃歌の意、ヴェーダとは知識、転じてバラモン教の聖典の意味となった)。これは一〇一七の讃歌より成り、そのほかに十一の補遺の讃歌を有する。[2]それらの讃歌はほぼ西紀前一二〇〇―一〇〇〇年に作製され、前一〇〇〇―八〇〇年ころに現形のごとくに編纂されたのであろうが、三千年後の今日に至るまで、主として暗誦によって伝えられた。

当時のアーリヤ人は非常に宗教的な民族であった。かれらは各家庭の祭火にみずから供物を捧げていたが、またそのほかに大規模な祭祀を行なっていた。かれらは神々に讃歌を捧げ、讃辞を呈して喜ばせ、それによって現実的な生活上の幸福を得ようとした。具体的には、戦勝・戦利品の獲得・妻を得ることおよび子孫の繁栄・家畜の増殖・降雨・豊かな収穫・健康・長寿・息災を欲して、神々の恵みに与かろうとした。時には自己の犯した罪悪を懺悔し、神々の下す罰を逃れんがために讃歌を捧げたこともある。[3]

リグ・ヴェーダの宗教は多神教である。原始インド・ヨーロッパ人の時代におけると同様に、神々の多くは主として自然界の構成要素・諸現象あるいはそれらの背後に存すると想定された支配力を神格化して崇拝の対象としたのである。[4] 例えば、天神 Dyaus・太陽神 Sūrya, Savitṛ, Pūṣan・暁紅神 Uṣas・雷霆神 Indra・暴風神 Rudra・風神 Vāyu・雨神 Parjanya・水神 Āpas などである。しかしこれらの神々に関して神話が発達するにつれて、元来自然現象にもとづいて想定された神々は、ますます擬人的に表象され、それぞれに独自の性格・性行が帰せられるとともに、それらはまた互いに混淆し、自然現象との関連はますます稀薄となり、個々の神のすがたは当時のアーリヤ人の社会生活に規定されている点が多い。かくして雨を降らす神インドラに理想的戦士としてのすがたが投影されて、当時最も多く崇拝されるに至った（仏教では「帝釈天」となる）。またサラスヴァティー（Sarasvatī）はもと西北インドにあった大河の名であるが、のちに河川および湖にすむ女神とあがめられ、弁舌および財富の神となった（仏教にとりいれられて「弁才天」となる）。また空中に住む天女（apsaras）なども想像されていた。他方、かれらの生活を害すると考えられるものは悪鬼等の魔群として恐れられた。

また定住民としての集団生活を営み、道徳的自覚が高まるとともに、かつての天空の神ヴァルナ（Varuṇa）は天則（ṛta）の擁護者・律法神・人倫の維持者として表象され、自然界との関係はほとんど絶たれるに至った（ギリシアの Ouranos と語源的に関係があり、仏教では水天となった）。そうして、アーリヤ人の社会生活において祭祀が次第に重要な役割を有するにつれて、祭祀の諸要素が神化され、神として盛んに崇拝されるに至った（火神 Agni・酒神

Soma など)。祈禱主神ブリハスパティ(Bṛhaspati)のような神も新たに立てられた。抽象的観念を神格化して崇拝することも行なわれるようになった(例えば、信仰 Śraddhā・無限 Aditi・ことば Vāc)。

神々の通性を見るに、かれらは人間を超越した神性を具え、強力・賢明にして光彩に満ち、不死にして永遠の若さを保ち、正義に与し、悪魔・怨敵を退治する。しかし同時に人間味を多分に湛え、神妃にかしずかれ、信者の捧げる神酒ソーマに酔い、最大級の美辞を連ねた讃歌を嘉《よみ》する。武器を手にして車駕を馳駆し、誇らかに天空を歩む。その行動は必ずしも道徳的に完全無欠とは言い難く、稀には邪婬・不和・暴行等をも示している。

神々と人間との関係を見るに、人間の運命・苦楽は神に依存すると考えた。神は人間の邪悪を罰するが、贖罪する者を赦免する。神々は一般に人間に対しては寛仁・大度を示し、親睦・友誼の情があり、恩恵にみちている。峻厳な律法神ヴァルナがアーリヤ人一般に恐怖・畏敬されていたのが唯一の例外であった。

神々の相互の関係については、深い反省の跡を示していない。神々は天・空・地の三界に配分せられ、その数は通常三十三神と言われる。しかし、三千三百三十九とされていることもあり、正確には数を限定し難い。神々は概して明瞭な個性を欠き、むしろ同一の属性・呼称・業績を共有している。いかなる神も讃歌の主題となったときには最上級の讃辞を受け、あたかも他の神々の上に君臨せるかのごとくである。多数の神々の中で、現にいま讃嘆礼拝しつつある神が、その際だけは主要神と見なされているから、この性格によってマックス・

ミュラーはリグ・ヴェーダの宗教を単一神教（Henotheism）と呼び、また、かかる主要神はそれぞれ祭祀のたびごとに交替するものであるから、その性格によってかれはまた交替神教（Kathenotheism）とも命名した。

（1）ヴェーダ一般の思想については、辻直四郎『ヴェーダとウパニシャッド』（創元社、昭和二十八年）。

（2）〔全訳〕K. F. Geldner: Der Rig-Veda, 3 Teile, Cambridge, Mass. 1951（HOS. vols. 33, 34, 35. 最もすぐれた飜訳）、R. T. H. Griffith: The Hymns of the Rigveda, 1895–6, 3rd ed., 2 vols., Benares 1920, 1926.〔抄訳〕高楠順次郎『印度古聖歌』（『世界聖典全集』改造社、昭和四年）。

（3）リグ・ヴェーダの神々については辻直四郎訳『リグ・ヴェーダ讃歌』（岩波文庫、一九七〇年）。H. Oldenberg: Die Religion des Veda, 3. u. 4. Aufl., Stuttgart und Berlin 1923.

（4）神を deva といい、漢訳仏典では「天」と訳される。

四　哲学思想の萌芽(1)

『リグ・ヴェーダ』に現われる神々の個性が不明瞭であり、かれらの間の区別が判然としていないので、すでに『リグ・ヴェーダ』の中に、諸々の神々は一つの神の異名にほかならないという思想が表明されている。『多くのかたちに燃えたつも火は唯だ一つなり。あらゆるものにゆきわたる日も亦一つなり。世界をあまねくかがやかすウシャス（暁の神）も唯だ一つなり。唯だ一つのものひろがりて、この世のすべてとなりぬ』(VIII, 58, 2)。当時の一部の懐疑論者は神々の存在に対して疑惑をいだいていた。『多くの人はいう、インドラは存在せずと。誰れかかれを見し。われらは誰れをか讃えん』(VIII, 100, 3)。『恐しき神につき人は問う、かれはいずこに在りやと。人は答えていう、――かれは存在せず、と』(II, 12, 5)。

古来の確固たる神々の信仰が動揺し始め、旧来の伝統的観念はもはや自明のものではなくなり、いまや新しい思索が始められた。『われらの祀るべき神は誰ぞ?』(X, 121)。そうして神々をも超越したより根柢的な世界原理を探求するに至った。『リグ・ヴェーダ』のうちに〈哲学的讃歌〉とよばれるものが十幾つかあるが、それらにおいてはそれぞれ何らかの世界原理を想定して多様なる現象世界の成立する所以を説明しようとしている。宇宙創造に関する当時の見解は、極めて大まかに分けるならば、大体二種に区分することができる。一つは宇宙創造を建造に比し、他は出生になぞらえるのである。

建造に比する思想の代表的なものとしては、祈禱主神の世界創造論が現われた。祈禱主(Brahmaṇaspati)は元来ヴェーダの聖語すなわちブラフマンを司る神として立てられたものであるが、ついに世界創造神にまで高められ、『祈禱主は鍛冶工のごとくにこの一切を煽ぎ鍛えたり』(X, 72)という。また「黄金の胎子」(Hiraṇyagarbha)を説く讃歌(X, 121)によると、太初に黄金の胎子が現われ、万有の唯一なる主宰者となった。かれは天地を安立し、山や海を生じ、神々の生気となり、神々および生類を支配し、世界の秩序を維持するという。特に『神々の上に位する唯一神』であることが強調されている。「万有をつくるもの」

(Viśvakarman) を説く讃歌 (X, 81; 82) によると、かれはあらゆる方角に眼・顔・腕・足を有し、その双腕と翼とによって煽いで天地を創造した唯一神である。かれは木材や樹木を用いて大地を生産し、天空を拓いたともいう。

以上の諸讃歌の創造観が一神教的であるのに対して、原人からのそれ (X, 90) は汎神論的である。原人 (puruṣa) は千頭・千眼・千足あり、既存・未存の一切である。かれの四分の三は天にある不死者である。神々がかれを犠牲獣として祭式を行なったとき、讃歌・歌詠・韻律・祭祀が生じ、また馬・牛・羊・山羊などの畜類が生じ、その口からバラモンが生じ、その両腕から王族、その両腿から庶民、その両足から隷民が生じた。月はその心臓から、太陽はその眼から、インドラとアグニ (火神) とはその口から、風神はその呼吸から生じた。その臍《へそ》から空界、頭から天界、足から地界、耳から方位が生じたという。

『有に非ず、無に非ざるもの』を説く讃歌 (X, 129) においては汎神論的思索は絶頂に達した。それによると、太初には無もなく有もなく、天も空もなく、死も不死もなく、夜と昼との区別もなく、暗黒に蔽われていた。「かの唯一者」(tad ekam) だけが風なくして呼吸していた。宇宙万有は光明なき水波であった。その唯一者に意欲 (kāma) が現われた。それを原動力として万有を生起せしめた。神々も宇宙の展開より後に現われ出たという。

ことば(2) (Vāc) を最高原理と解する思想も現われている (X, 71; 125)。ことばは太初において原水から生じたものであるが、あらゆる神々の保持者であり、万有を支配し、万有に遍在している。『自分が欲する者をバラモン・仙人・賢者とも為す』という。ことばの本性は経験的知覚の領域を超越していて、『見つつある多くの人々も、実はことばを見ざりき。聞きつつある多くの人々も、これを聞かず。』

とにかく全体としては一元論的傾向が強かった。『唯一なるものを賢き人々は種々に呼びなす。』(I, 164, 46)

来世観を見るに、肉体は死とともに滅びるが、霊魂は不滅であると考えた。霊魂の観念は心・呼吸を意味する語(manas, prāṇa, ātman, asu 等)によって言い表わされていた。死者の霊はかつて逝きし父祖の通った道によって永遠の光明ある楽土に赴き、そこで自分の血縁のものと再会するともいう。その楽土は死者の王ヤマ(Yama)[3]の支配する王国であり、最高天にあり、光明・緑蔭・酒肴・歌舞・音楽に恵まれた理想境である。このような天界の楽土に到達するためには、特に祭祀を実行しなければならぬ。他人に対する施与、特にバラモンに対する布施が賞讃されたが、種々の誓戒(vrata)をたもち、苦行(tapas)を行なうべきであり、また戦場で戦死した勇士も天上の楽土に到達し得ると考えた。他方、悪人の運命については詳しい説明がなく、死後の審判の観念も未だ明瞭には現われていない。ただ、悪人は恐ろしい無(asat)、非理(anṛta, nirṛta)の深淵の中に堕ちると考えていたが、明確な地獄の観念は説かれていない。かれらはどこまでも現世および来世における生に執着していて、楽しみを享楽しようと願い、未だ厭世的な世界観を懐いてはいなかった。

(1) 三一頁に挙げた文献のほかに、Deussen: AGPh. I, 1. 木村泰賢『印度哲学宗教史』一五三頁以下。中村

元『古代思想』(春秋社、一九七一三〇六頁)、Louis Renou: Hymnes spéculatifs du Véda, Gallimard, 1956.

(2) *『ことばの形而上学』(岩波書店、昭和三十一年)、二〇八頁以下。

(3) 仏教では閻魔・夜摩天となった。

第二章　農村社会の確立とバラモン教

一　カースト的農村社会の確立(1)

パンジャーブ地方に定住していたアーリヤ人は西暦前一〇〇〇年ころから東方に向かって移住を開始して、ジャムナー（Jumna, Yamunā）河とガンジス河との中間の肥沃な平原を占拠した。この地方の肥沃な土地と酷熱多雨の気候とは農業に好適であったために、アーリヤ人は牧畜とともに農耕に従事した。そうして多数の小村落を建設し、司祭者を中心として氏族制農村社会を確立し、孤立的・閉鎖的な経済生活を営み、バラモン教の文化を完成するに至った。ここに形成された社会制度ならびに文化は典型的にインド的特徴を具えていて、その後のインドに広範囲にわたって影響を及ぼしている。征服せられた先住民は隷民として労役あるいは家庭の雑務に従事した。またアーリヤ人の中でも司祭者と王族とは特に独立の階級を形成し、各人の職業は世襲となり、かれらの間の階級的区別は次第に深められ、ここに四姓の制度が成立するに至った。四姓とは㈠バラモン（brāhmaṇa 婆羅門・司祭者）、㈡王族（kṣatriya 刹帝利）、㈢庶民（vaiśya 毘舎）、㈣隷民（śūdra 首陀羅）の四階級を称する。バラモンが最も尊く、王族がこれに次ぎ、隷民は最も卑しいと考えられた。異なった階級の間では結婚は制限せられた（後代になると多数のカーストが成立し、異なった階級の間では結婚と食事を共にすることが禁ぜられ、若干のカーストは不浄と見なされるに至る）。

司祭者たるバラモンは社会の指導者として祭祀・教学を独占し、「人間である神」として尊崇せられた。祭賛によって神を満足せしめ、布施によってバラモンを満足させるならば、この両種の神々は人を天界に導くという。バラモンは三千年余の歴史を通じてインド文化の担持者である。

（1） Émile Senart: Les castes dans l'Inde, 1927（林文雄訳『印度のカースト』昭和十八年）; Max Weber: Hinduismus und Buddhismus (Gesammelte Aufsätze zur Religionssoziologie), Tübingen 1921（杉浦宏訳『世界宗教の経済倫理II、ヒンヅー教と仏教』みすず書房、昭和二十八年）、*『インド古代史』上、八五—一〇一頁。

二　ヴェーダ聖典（1）の編纂

祭祀が重要視せられ、祭祀の儀礼がますます複雑化するにつれて、祭祀に関係ある語句・文章が蒐集されて、ヴェーダ聖典が編纂された。ヴェーダ（Veda）はバラモン教の根本聖典の総称であるが、これには四種の区別がある。㈠リグ・ヴェーダ（Ṛg-Veda）、神々に対する讃歌の集成。神々を祭場に勧請し讃誦を司る勧請僧（hotṛ）に属する。㈡サーマ・ヴェーダ（Sāma-Veda）、歌詠の集成。一定の旋律に合わせて歌詠を行なう歌詠僧（udgātṛ）に属する。㈢ヤジュル・ヴェーダ（Yajur-Veda）、祭詞の集成。供物をささげ祭祀の実務を担当する行祭僧（adhvaryu）に属する。㈣アタルヴァ・ヴェーダ（Atharva-Veda）、攘災・呪詛など主として呪法に関する句を集録したもの。これは最初はヴェーダ聖典としての権威を認められなかったが、後にヴェーダに列せられ、祭式全般を総監する祈禱僧（brahman）に属せしめられた。

各ヴェーダの主要部分を本集（Saṃhitā）と称し、讃歌・祭詞・呪詞等の集録であり、現今単にヴェーダというときには通常この部分を指していう。各ヴェーダ本集に附随する文献としてブラーフマナ（Brāhmaṇa 祭儀書）とアーラニヤカ（Āraṇyaka 森林書）とウパニシャッド（Upaniṣad 奥義書）とが存する。ブラーフマナは各ヴェーダ本集に対する説明的文献であって、祭祀の実行方法を規定し、あるいは讃歌・祭詞の意義・目的を釈し、祭祀の起源を明し、その間に多数の神話・伝説を交えている。アーラニヤカはとくに森林の中で伝授さるべき秘義を説いているが故にこの名を得たものであり、祭式に関する説明をなしつつ、哲学的問題にも言及している。ウパニシャッドは別名ヴェーダーンタ[2]（Vedānta）とも称せられ、当時の種々なる秘説の集成書である。以上の本集と祭儀書と森林書とウパニシャッドとを総括して、広義のヴェーダとなし、天啓文学（śruti）と称する（これは昔の聖仙の著わした聖伝文学 smṛti に対する）。インド人は一般に天啓文学を人間の著作とは見なさず、それは永遠の存在であって、往昔の聖仙が神秘的霊感によって感得した啓示と認めている。これらの文献は同一時に成立したものではなくて、『リグ・ヴェーダ本集』以外は多くは西暦前一〇〇〇年から五〇〇年ころまでに順次に作製されたらしい。

(1) 第一章三に挙げた文献参照。
(2) *『初期のヴェーダーンタ哲学』(岩波書店、昭和二十五年九月)、一二二頁以下。

三　アタルヴァ・ヴェーダの哲学思想

『アタルヴァ・ヴェーダ』は咒術を本領とするものであり、下層階級の風習・信仰をも伝えている点で重要であるが、咒法に用いる詩句の間に宇宙の最高原理を説き、高尚な哲学的概念を織り交ぜている。どの哲学的讃歌においても宇宙の創造および維持を唯一の最高原理のはたらきに帰し、その原理に最高神としての位置を与えている。この点において『リグ・ヴェーダ』の哲学思想と軌を一にしているが、最高原理の名称は著しく異なったものとされている。特に呼吸(prāṇa)は宇宙の生気、万有の支持者として、大宇宙の最高原理たるのみならず、個人の主体と目せられた(XI, 4)。特に最高実在者がそれ自体によって世界を顕現せしめながら、しかもそれ自体は現象界の背後にあって不変であるという思想も現われている

(XI, 4, 27)。また時間が過去および未来を成立せしめ、万有を創造し、一切の生類を育む形而上学的原理として立てられ（XIX, 53; 54)、そのほかに遍照者（virāj VIII, 9; 10)・愛欲（kāma IX, 2）が世界原理として讃せられていることもある。また万有の支柱（skambha）を讃嘆する讃歌（X, 7; 8）においては、従前に世界原理として説かれた諸原理は実はこの万有の支柱の別名にほかならずとして、諸原理をこの中に包括しようとしている。なお大地（XII, 1）・太陽（XIII）・牡牛（IV, 11; IX, 4; 7）・牝牛（X, 10）などが最高者として讃嘆され、またヴェーダ学生（brahmacārin XI, 5）・バラモン教への改宗者（vrātya XV）・祭式の残饌（XI, 7）などバラモン教の立場で意義あるものが世界の最高原理として讃嘆されている。(1)

（1）〔抜萃訳〕M. Bloomfield: Hymns of the Atharva-Veda (SBE. vol. xlii), Oxford 1897.〔全訳〕W. D. Whitney and Ch. R. Lanman: Atharva-Veda Saṁhitā (HOS. 7, 8), Cambridge, Mass. 1905.〔研究〕M. Bloomfield: Atharva-Veda, Strassburg 1899. なお辻直四郎訳『アタルヴァ・ヴェーダ讃歌』（岩波文庫、一九七九年）参照。

四　ブラーフマナの哲学思想(1)

諸ヴェーダ本集の編纂がいちおう完結して後にブラーフマナ文献が成立し、祭式実行の方法が微細な点に至るまで規定された。

ブラーフマナに現われるバラモンたちは、もはや神々に奉仕する敬虔恭順な司祭者ではなくて、その呪力によって神々をも駆使する呪術者である。かれらの実行する祭祀には呪術的意義が寓せられていた。当時のバラモン学者たちは、個々の祭式の実行と宇宙の諸自然現象とのあいだには密接な対応関係があり、その故に祭祀は不思議な霊力を有すると考えた。個々の祭式の構成が自然界における諸事物の象徴・模倣であるというにとどまらず、むしろ逆に祭式の実行が自然界の変化・四時の運行を可能ならしめているというのである。したがって、祭式を正しく実行することによって宇宙の諸現象を支配することができる。神々でさえも、祭祀の具有する不思議な力に縛せられる。人々が正式の祭祀の法則に従って神々に祈願するならば、神々はそれを欲すると否とにかかわらず、必ず人々に恩恵を授けねばならぬのであると考えた。いまや神々は、自由意志にもとづいて恩恵を施す人格的主体ではなくて、単なる名目上の存在となり、自然・人生における諸要素・諸事物あるいは概念などと同等の地位を占めているにすぎない。『リグ・ヴェーダ』以来の多数の神々は依然として尊崇され、さらにそのほかに他の神々も登場したが、一般に神々の威信は低下し、個性・特徴を失い、祭式の傀儡と見なされた。時には神々は単に祭式の一要素にすぎない。したがって神々自身も祭祀を行ない、祭祀の力によって不死性を獲得し、悪魔・怨敵を克服し、願望を達する。

世界創造神としては、新たに造物主（Prajāpati）という根本神格が登場した。その語義は「子孫の主」であり、もとは子孫・家畜の増殖保護の神であったが、後には創造神の地位に高められた。造物主の創造神話は多数説かれているが、その内容は互いに矛盾していて、相互の一致斉合を認め難い。しかしそれらには共通の類型が認められる。すなわち、まず造物主が世界を創造しようとする欲望を起こし、努力苦行して熱力を発する。それから種々の順序を経て一切の事物を創造したという。また世界創造の最初に水を想定し、その水が万有を包蔵する「黄金の卵」を浮かべていたが、それから造物主が出現し、万有を生起せしめたという創造神話も伝えられている。あるいはまた男性的原理としての造物主の側に女性的原理としての第二の物（例えば Vāc ことば）を予定し、それとの交わりによって万有が開展したと説くこともある。

造物主の観念は最初は擬人的に表象されることが多かったが、次第に抽象的に考えられた。その一例としてしばしば「造物主は歳なり」と説かれている。また擬人的に考えられた世界原因としての「無」あるいはブラフマンからの世界創造が説かれていることもあるが、この場合にも、無あるいはブラフマンが世界開展の欲望を起こし、苦行して熱力を発して万物を生起せしめたという。

来世の観念を見るに、この世で功徳を積んだ者は、来世に福楽を享受する。だから祭祀を実行せねばならぬ、と考えた。善業を積んだ死者がヤマの王国に赴くと考えたことはリグ・ヴェーダにおけると同様であるが、天界における福楽は永久に継続するものではなくて、或る場合には天界において再び死ぬこともあると考えて、再死（punarmṛtyu）を極度に恐れ、それを避けるために特別の祭祀を実行し、種々の善業を修した。死後における応報の観念もようやく明らかになりつつあった。

（1）　P. Deussen: AGPh. I, 1, Leipzig 1894. H. Oldenberg: Die Weltanschauung der Brāhmaṇa-Texte, 1919. The Śatapatha-Brāhmaṇa, tr. by J. Eggeling (SBE. XII, XXVI, XLI, XLIII, XLIV).

五　ウパニシャッド[1]の哲学

㈠思想的特徴

ウパニシャッド（upaniṣad）という語はもとは「侍坐」「近坐」さらに「秘密の会座」という意味で、転じて「秘密の意義」「秘説」「秘教」という意味になり、のちにはその秘説を載録した一群の文献の名称となった。その成立年代は一般的にはブラーフマナおよびアーラニヤカのそれよりも後であろうと推定されている。その成立の事情についてみるに、アーリヤ人がガンジス河流域に進出するにつれて、バラモンのうちにさえも混血が起こり、次第に原住民の宗教観念をとり入れたために、思想はおのずから変化せざるを得なかった。ことに次第に勢力が増大しつつあった王族は、バラモンたちにも思想的影響を及ぼすことがあった。こういう事情に促されてウパニシャッドの教えが述べられたのである。古ウパニシャッドの成立年代はいちおう次のように表示され得る。[2]

(1)初　期（ゴータマ・ブッダ以前）
第一期　Bṛhadāraṇyaka, Chāndogya.
第二期　Aitareya, Kauṣītaki, Taittirīya.
第三期　Kena, Īśā.
(2)中　期（ゴータマ・ブッダ以後）
Kāṭhaka, Muṇḍaka, Praśna　西紀前三五〇―三〇〇
Śvetāśvatara　三〇〇―二〇〇
(3)後　期
Maitrāyaṇa　二〇〇―？
Māṇḍūkya　西紀後一―二〇〇

ウパニシャッドは祭祀に託する説明あるいは神話的要素をなお多く含んでいる。思想を述べるにしても、体系的・理論的に説くのではなくて、譬喩と比較とに頼っていることが多い。後世の哲学書のように抽象的思索の結果を記しているのではなくて、むしろ神秘的な霊感によって得た確信を表明している。しばしば師弟・父子・夫妻の間の対話、あるいは知識人の間における討論のかたちをとって述べられている。しかしウパニシャッドの思想は、ヴェーダ聖典一般に現われている思想と比較すると、明らかに新興思想であり、時には当時の一般人士の眼には新奇異様な感を与えた。したがってこの新思想は多くは秘密裡に師から弟子に伝えられ、或いは新しい思想家の間で耳語されたに止まり、一般世人に向かって呼びか

けられることはなかった。ただウパニシャッドにおいては特殊な哲学説がしばしば個人（バラモンのみならず王族など）の名と結びつけて伝えられている。ゆえに各個人の独立の哲学的思索の意義が、この時代以後に認められるに至ったのであると考えられる。

ウパニシャッドの思想は種々雑多であり、到底一律に概括することはできないが、それらの種々なる思想に共通な特徴は「知識（jñāna）の重視」の思想である。すでにブラーフマナ文献においても祭式の秘密の意義に関する知識を重要視し、その秘密の意義を知って祭式を実行するならば、その祭祀の効果を一層多大ならしめることができると説いている。ところで祭式は古来、宇宙および人生の諸事象を象徴的にかつ具体的に具現していると考えられていたから、祭式の真意義を追求するにつれて、さらに進んで宇宙および人生それ自体の形而上学的意義を考察するに至った。最初は自然・人生・祭式に関する何らかの事物あるいは要素が絶対視されていたが、ついにアートマンあるいはブラフマンを絶対者として想定するに至った。このアートマンあるいはブラフマンを知るならば、われわれは絶対の安心立命の境地に到達し得る。それが解脱である。それは祭祀によっては達せられないと主張した。

さてブラフマンとは、もとは神聖で呪力にみちたヴェーダの語のことである。すなわち、ヴェーダの讃歌・祭詞・咒詞、さらにそこに内在する神秘力をも意味した。ブラーフマナにおける祭祀は、一定の規則に従いヴェーダのことばを用いて秘密の呪力によって神々や人間を強制し駆使する儀礼であった。しからば非人格的なヴェーダのことばないし秘密の呪力のほうが神々よりも優位に立つことになる。したがって、祭式を重んずるバラモンの覇権が確立するにつれて、ブラフマンは特別に重要視され、ついにここでは「世界の根本原理」「絶対者」の名称にまで高められた。

ブラフマンが客観的・中性的原理であるのに対して、アートマンはむしろ主体的・人格的原理である。アートマン（ātman）とは元来「気息」を意味する語であったが、転じて「生気」「身体」さらに「自身」の意味になり、哲学的概念としては「生命原理」「自我」「自己」「霊魂」、さらに「本体」「万物に内在する霊妙な力」を意味する術語とされた。そうしてアートマンからの世界創造が説かれるとともに、アートマンを認識すべしということが繰り返し強調されている。またアートマンが絶対視されるとともに、アートマンはブラフマンにほかならぬということが、しばしば強調されるに至った。後世の多くの学者はブラフマンとアートマンとの同一説がウパニシャッドの中心思想であると解している。

ともかく、現象世界の雑多相の根柢に最高原理として唯一者が存在する。この雑多相はその唯一者から分化し、それに由来し、あるいはそれに支配せられ、それに依存して成立しはたらいているというのが、ウパニシャッド全般に通ずる有力な思想であった。

（1）〔飜訳〕F. Max Müller: The Upanishads, 2 parts, 1879, 1884 (SBE. I, XV). P. Deussen: Sechzig Upanishad's des Veda, Leipzig 1897. R. E. Hume: The Thirteen Principal Upanishads, Oxford 1921, 2nd. ed. 1931. S. Radhakrishnan: The Principal Upaniṣads, London 1953.（邦訳）高楠順次郎監修『ウパニシャット全書』全九巻（大正十一―十三年）。

〔研究〕H. Oldenberg: Die Lehre der Upanishaden und die Anfänge des Buddhismus, Göttingen 1915（高楠順次郎・河合哲雄共訳『ウパニシャットより仏教まで』大雄閣、昭和五年）。B. Barua: A History of Pre-Buddhistic Indian Philosophy, Calcutta 1921. *『インド思想の諸問題』二七三―三三〇頁。

（2） 以下については*『初期のヴェーダーンタ哲学』一四頁以下、一四〇頁以下、参照。

(二)シャーンディリヤのブラフマン・アートマン同一説(1)

シャーンディリヤ（Śāṇḍilya）は万有の真理をブラフマンと呼び、それはわれわれが経験する一切の事物と同一であると説いている。ブラフマンは「思惟の真実なる者」「意図の真実なる者」であり、自己の思惟・意欲がそのまま現実に実現される。それは一切の行為を為し、一切の欲望を具し、欲するがままの相を現ずる者である。それは一切の香を有し、一切の味を有する。それは万有に遍在していて、意のごとく速やかであり、一切の方角にわたって支配している。

このブラフマンはまたわれわれの本来の自己と称すべきものである。それはアートマンであり、「身体のうちに存する黄金の原人」あるいは「心臓の内部に存するアートマン」とも呼ばれている。そうして絶対者としてのブラフマンまたはアートマンは極大にしてまた極小である。それは一方では『米粒よりも麦粒よりも芥子粒よりも黍粒よりも、あるいは黍粒の中核よりもさらに微小である』と説かれるとともに、他方ではまた『地よりも大に、空よりも大に、天よりも大に、これらの世界よりも大である』という。

人間は意向（kratu）より成るものである。『人間がこの世において意向を有するがごとくに、この世を去って後にはそのごとくに存在する』という。したがって人は心を静かならしめて、万有の真理を瞑想すべきであると考えた。そうして「この世を去ってのち、このアートマンに合一すべし」と確く信じている者には、いかなる疑惑も存せず、必ずそのとおりに実現されると説いている。

（1）Śbr. X, 6, 3; Chānd. Up. III, 14. 辻直四郎『季刊宗教研究』第五年第三輯、七頁以下。

(三)プラヴァーハナの五火二道説

パンチャーラ（Pañcāla）国王であったプラヴァーハナ（Pravāhana）はバラモンの学者ウッダーラカ・アールニに人間の死後の運命に関して五火説と二道説とを伝えた。(1) この両説はもとは一部の王族の間で信奉されていたが、ウッダーラカに教えられて以後、ながくバラモン系統においても信奉されるに至った。輪廻《りんね》の観念は恐らくアーリヤ人以外の原住民の間でおぼろに成立していたのであろうが、ここにおいて始めて輪廻が組織的に説かれたのである。

五火説とは、人間が死後この世に再生する経過を五個の供犠の祭火に託して説明する説である。すなわち人が死んで火葬されると、順次に(1)月に入り、(2)雨となり、(3)地に下って食物となり、(4)男子の精子となり、(5)母胎に入って再生するといい、輪廻のこの五つの段階を供犠の祭火に託して象徴的に説明している。祭儀にことよせて説明しているところはいかにもバラモン的であるが、そのほかに、従来から存する火葬の習慣と来世信仰とを降雨の現象と結びつけ、霊魂が煙に乗じて天界にのぼり、雨によって再び地上に降るという素朴な思想を基礎としている。

五火説においては、要するに人間は死後月の世界に入り、さらにこの地上に降下して再び生まれ、その経過を無限に繰り返すということだけを説いているにすぎないが、二道説においてはさらにやや異なって組織的に説かれている。二道とは神道（devayāna）と祖道（pitṛyāna）とを指していう。元来〈神道〉とは、神々が祭場に往来する道をいい、〈祖道〉とは祖先の止まっている世界におもむく道をいうが、ここではやや異なった意味で用いられている。すなわち、〈五火〉の教義を知り、森林において信仰を苦行（あるいは真実）として念想する者は、死後順次に、火葬の焰、日、月みつる半カ月、太陽の北行する六カ月、歳（あるいは神界）・太陽・月・電光に入り、それからブラフマン（あるいはブラフマンの世界）に導かれて再び地上にもどって来ることがない。これを〈神道〉と称する。これに対し、祭祀・浄行を布施として念想する者は、死後順次に火葬の煙、夜、月のかける半カ月、太陽の南行する六カ月、祖霊界、虚空を経て月に入る。そうして善業の残余の存する限りそこに止まって果報を享受し、それが尽きたのちに逆に虚空から風に入り、それから煙・霧・雲・雨となって地上に降り、米・麦などの食物となり、幸いにして男子の体内に入れば精子となり、次いで母胎に入って再生する。これを〈祖道〉となづける（「月のかける半カ月」「太陽の南行する六カ月」というような時間的な観念でも、当時のインド人は空間的な場所を占有する物質的事物のように考えていたのである）。さて、地上における形態は前世の業によって規定され、浄らかな行ないをした者は、バラモン・王族・庶民の階級に生まれ、醜い行ないをした者は犬・豚・賤民の胎に宿る。さらにその他の極悪人はこの両道に入りえないで、第三の場所に堕す。それは微小な生類（虫けら）が生まれては死ぬ場所である。人はここに陥らないように警戒しなければならない。

プラヴァーハナの所説は以上で終わっているが、これを大まかに言えば、〈神道〉は解脱する人のおもむく道、〈祖道〉は善人のおもむく道、第三の場所は悪人のおもむくところであると言い得る。行ないに対する報いを二重に受けるわけである。五火説と二道説とは人が死後月の世界に至ってさらに地上に降下すると説く点が同一であるために、結びつけて説かれたらしいが、その思想内容は必ずしも同じでない。二道説においては輪廻の範囲がこまかに限定され、単なる祭祀の果報の有限であることが主張されている。したがって当時王族がもはや祭祀をさほど重要視していなかった一つの事実を示している。

（1）　Bṛhad. Up. VI, 2, 1–16; Chānd. Up. V, 3, 3–10.

㈣ウッダーラカの有論

ありとあらゆる万有がそのまま絶対者ブラフマンであり、それがとりも直さずわれわれの本体たるアートマンにほかならず、アートマンは極大にして極小であるという思想はまたウッダーラカ[1]（Uddālaka Āruṇi）の思想の根柢をなしている。「この万有はこの微細なるものを本性としている。それは真実である。それはアートマンである。汝はそれである」という句が、かれの子との対話の中に九回繰り返されている。特に『汝はそれなり』（tat tvam asi）という句は、『われはブラフマンなり』（ahaṃ brahmāsmi）という句とともに、ウパニシャッドの思想を最も適確に表示する二大文章として有名である。

かれはさらに進んで、絶対者がいかにして現象界の差別相を開展するかという過程を問題としている。かれによると、宇宙は太初においては有（sat）のみであり、唯一であり、これに対立する第二のものは存在しなかったという。かれは、宇宙は太初においてはただ無（非有）のみであったという反対者の主張を排斥して、無から有の生起することは有り得ず、有は有からのみ生起するというのである。

この有は精神性を具有しているものであり、神格として表象されている。有からの開展についてかれは神話的説明を施している。この有がまず『われ多とならむ。繁殖せむ』という意欲を起こして火を創出した。続いてその火がまた同じ意欲を起こして水を創出し、その水がまた同じ意欲を起こして食物（後世の解釈によると地）を創出した。火・水・食物もやはり神格として表象されている。そのあとで有はさらに意欲を起こして「生命としてのアートマン」によって火・水・食物の中に入り、現象世界の名称形態（nāmarūpa）を開展し、その三者をそれぞれ三重にしたという。すなわち一つの元素がそれぞれ他の二つの元素と結合し、それが質料となって一切の物体を成立せしめている。例えば経験される火はやはり火・水・

食物の三元素から構成されているが、ただ火が優勢であるにすぎない。燃える火の中に見える赤い色は元素としての火の色であり、白い色は水の色であり、黒い色は食物の色である。一切の物体の色について同様のことが言われ得る。一切の物質はただ三元素の構成の度合いのいかんによってその相を異にしているのであり、物質界の諸変化あるいは差別相はただ言語による捕捉すなわち名称にほかならない。三元素あるいは三色ということだけが真実なのである。

人間を構成する要素も自然界におけると同様に火・水・食物の三元素である。摂取せられたこの三者は多様に分かれて人間の諸部分・諸機能を構成するのであるが、生命を司るものは気息である。人間の思慮分別を司る意も気息に制約されている。あたかも紐で繋がれた鳥があらゆる方向に飛んだのちに、他に依りどころを得ないでもとどおりその繋がれたところにとまるように、同様に意はあらゆる方向に飛ぶが、結局気息に依存している。しかしこの気息も人間の真実の自己ではない。真実の自己はアートマンであり、有にほかならない。人が覚醒状態において活動しているときには、その本来の自己から乖離しているが、人が熟睡したときには有と合一し、真実の自己に到達している。一切の生類は有を根柢とし、よりどころとしている。われわれは有を具体的なものとして認識することはできないけれども、しかし有は見えざるものとしてわれわれの人格の根柢に潜んで存在している。それはあたかも塩を水の中に投げ入れた場合に、われわれは肉眼で知覚することはできないけれども、確かに塩が水の中に溶解しているようなものである。生命の去ったとき、この肉体は滅びるが、しかし生命の本体は死ぬことがない。それは真実なもの、アートマンであるからである。一切の生類は熟睡または死においては有に帰入するが、そこではすべて一体となり、われは有に帰入するという自覚は存在しない。あたかも蜜蜂が、種々の樹木から液を集めて、それで蜜を作ったとき、それらは全く一味の液に同化されていて区別が存在しないのと同様である。また一切の生類は覚醒あるいは生起において有から現われて来るのであるが、その際には有より来るという自覚も存在しない。しかし有から現われて来ることは疑いもない事実である。あたかも榕樹（バニヤン）の微細な種粒を割ってみても、その中にわれわれは何ものをも認め得ないが、しかし榕樹の大木がその中から現われて来ることが疑いないようなものである。諸々の生類は有から現われ出て、また有の中に帰入するのであるが、その過程は、大海の水が上昇して雲となり、ついで降下して諸河川の水となり、さらに大海に帰入するが、大海の中では諸々の水が全然区別されないのと同様である。かくのごとく真理を知らないで束縛から解放されない限り、人は無限の生存を繰り返すのであるが、しかし人が師について万有の真理たる有を悟ると、死後に完全に有と合一する（これが解脱の境地である）。それはあたかも故郷から連れ去られた人が、束縛・羈絆《きはん》を脱して故郷に帰るようなものである。

（1） かれの伝記については、宇井『印哲研』第一巻、一三九頁、『ウパニシャット全書』第三巻、解題。

(五)ヤージニャヴァルキヤのアートマン論

ヤージニャヴァルキヤ(1)（Yājñavalkya）はウッダーラカの弟子である。かれの学説はかれが主要人物として登場する多数の対話のうちに伝えられているが、特にかれの妻マイトレーイー（Maitreyī）との対話(2)は有名である。かれが出家して遍歴（遊行《ゆぎょう》）生活に入ろうとしたときに、マイトレーイーは『財宝を以て充満したこの全大地がわが有となったとしたならば、これによって不死となり得るであろうか？』という問いを発する。これに対してヤージニャヴァルキヤは『しからば資産ある者のごとき生活を為し得るが、しかし財宝によっては不死は得られない』と答えて、不死に関する教義を説き明す。かれはいう、――われわれの経験するありとあらゆるものはアートマンにほかならない。アートマンは「偉大なる実在」とも呼ばれる。ありとあらゆるものはアートマンの吐き出したものである。それはあたかも、湿った薪に火をつけるとその煙が別々の方向に立ち昇るようなものである。かれはいう――『ああ、実に夫を愛するが故に夫が愛しきには非ず。アートマンを愛するが故に夫が愛しきなり。ああ、妻を愛するが故に妻が愛しきには非ず。アートマンを愛するが故に妻が愛しきなり』と。つづいて子孫・財宝・家畜・バラモン・王族・諸世界・神々・ヴェーダ・生類など一切のものを愛するが故にそれらが愛しいのではなくて、アートマンを愛するが故にそれらが愛しいのであるという。『実にアートマンが見らるべく、聞かるべく、考えらるべく、熟思せらるべきなり。実にアートマンが見られ、聞かれ、考えられ、認識せられなば、この一切は知られたり』という。それはあたかも太鼓を打つときに、その太鼓から発する音を捉えることはできないが、太鼓あるいは鼓手を捉えることによって、その音を捉え得るようなものである。

ところでアートマンは一般の事物と同じ資格における認識の対象ではあり得ない。アートマンは純粋の叡智（prajñāghana）である。それは内もなく外もない。あたかも塩の塊が内もなく外もなく全く味の塊団にすぎないのと同様である。したがってアートマンは積極的な概念を以て述語することのできないものである。しかし単なる無ではない。それは認識の主体である。アートマンは、それによってこそ人がこの一切のものを認識し得るところのものである。したがってアートマンそれ自身はもはや何ものによっても認識され得ない。それは把捉し得ざるものであり、不可説である。もし強いて言語をかりて言い表わそうとするならば、ただ『しからず、しからず』（neti neti）と否定的に表現し得るのみである。それは破壊せられず、汚れに染まることもない。それは不死である。われわれの肉体は諸々の元素から構成されていて、それらが分解すると、肉体は消失し、死後には意識は存在しない。しかしアートマンそのものは実に不滅である。われわれの日常生活においては、主観と客観との二元的対立が存するから、認識の主体が対象を見、嗅ぎ、味わい、語り、聞き、思い、触れ、認識している。しかし人がアートマンを自覚して、その人にとっては一切がアートマンとなったときには、もはや何ものをも見、嗅ぎ、味わい、語り、聞き、思い、触れ、認識することがない。一切の対象がわれと一体となっているのである。それを悟った人は不死の境地にある。かくのごとく説いて、ヤージニャヴァルキヤはいずかたへか漂然《ひょうぜん》と去って行ったという。

このアートマンをヤージニャヴァルキヤは他の対話[3]において内制者（antaryāmin）と呼んでいる。それは『この世界ならびに一切の存在を、その内部に在って支配する者』である。『他に見られずしてみずから見る者なり。他に聞かれずしてみずから聞く者なり。他に思考せられずしてみずから思考する者なり。他に認識せられずしてみずから認識する者なり。かれのほかに見る者・聞く者・思考する者・認識する者はなし。これすなわち汝のアートマン・内制者なり。その他のものはすべて苦悩をもたらすのみ。』

或る人が人間の死後の運命について尋ねたところが、ヤージニャヴァルキヤは「これは公けに語るべきことではない」といって、人のいない所へ行って業（karman）について対談し[4]、『実に人は善業によって善き者となり、悪業によって悪しき者となる』と語った。輪廻の主体は、身体を去ってのちに他の身体に入ると考えていたらしい。それはあたかも蛭《ひる》が草の葉から他の草の葉に移るようなものであり、あるいは黄金の細工を為す人が新たに黄金の材料をとって、さらに美しい細工物を造り出すようなものである[5]。その際にその人の明知と業と前世の潜在意識とが輪廻の主体に附随するが、来世に至って業の果報がつきたならば、またこの世にもどって来るという[6]。

業に束縛されている輪廻の生存を脱するためには、アートマンの真実の認識によらねばならぬ。そのためには子孫・財宝・世間に対する欲望を捨てて托鉢乞食を行ない出家遊行の生活に入り、罪悪・汚れ・疑いを去り、真実のバラモンとなる。かれの身体はなお残存してい

るが、それはあたかも、脱皮した蛇の脱けがらが生命なく脱ぎ棄てられ、蟻垤《ぎてつ》の上に横たわっているかのごとくである。(7)

（1）年代は前六五〇―五五〇年ころか。かれの思想については、辻直四郎『季刊宗教研究』第五年第三輯、二七頁、*『インド思想の諸問題』二九二―三〇〇頁。
（2）Bṛhad. Up. II, 4; IV, 5.
（3）ib. III, 7.
（4）ib. III, 2, 13; IV, 4, 5.
（5）ib. IV, 4, 3–4.
（6）ib. IV, 4, 2–6.
（7）ib. III, 5, 1; IV, 4, 7; IV, 4, 22–23.

第三章　都市の興隆と自由な思索の出現

一　都市の興隆(1)

ガンジス河上流地方に定住していたアーリヤ人はその後次第に東方に進出し、その中流地方に移住したが、それとともに社会的・文化的に大きな目ざましい変動が起こった。まずアーリヤ人と先住民族との混血が盛んに行なわれた。ここに形成された新たな民族はもはやアーリヤ人の伝統的な風習・儀礼を忠実に遵守しようとはしないで、自由にほしいままにふるまった。かれらはヴェーダ文化を無視し、アーリヤ系の崩れた俗語（Prakrit）を使用していた。かれらの定住した地方は地味肥沃で多量の農産物を産出したために、かれらの物質的生活は豊かでまた安易となり、物資が豊富になるとともに、次第に商工業が盛んとなり、多数の小都市を成立させるに至った。最初はこれらの小都市を中心に群小国家が多数併存し、そのうちの或るものは貴族政治あるいは共和政治を行なっていたが、それらは次第に国王の統治する大国に併合されてゆく趨勢にあった。大国の首都は繁栄し、そこには壮大な都市が建設された。当時はコーサラ（Kosala）・マガダ（Magadha）・アヴァンティ（Avanti）・

ヴァンサ（Vaṃsa）の四国が最も有力であった。これらの大国においては王権がいちじるしく伸張し、王族は人間のうちでの最上者と見なされていたが、バラモンは従前ほどの威信をもっていなかった。また諸都市においては商工業が非常に発達し、貨幣経済の進展とともに莫大な富が蓄積され、商工業者たちは多数の組合を形成し、都市内の経済的実権を掌握していた。『たとい奴隷であろうとも、財宝・米穀・金銀に富んでいるならば、王族もバラモンも庶民もかれに対して、先に起き、後に寝、進んでかれの用事をつとめ、かれの気に入ることを行ない、かれには快いことばを語るであろう』（MN. vol. II, p. 85）。旧来の階級制度は崩壊しつつあった。他方物質的生活が豊かに安楽になるにつれて、ややもすれば物質的享楽に耽《ふけ》り、道徳の頽廃の現象もようやく顕著になった。

こういう空気のうちに生活する人々の眼には、旧来のヴェーダの宗教は単なる迷信としか映らなかった。新しい時代の動きに応じて、唯物論者・懐疑論者・快楽論者・運命論者などが輩出して議論を闘わせた。また他方では享楽の生活に倦怠を感じ、出家して禅定に専念する行者も多数現われた。この時代に出現した新しい思想家たちを「つとめる人」（śramaṇa, samaṇa 沙門）と称する。かれらに好都合なことには、当時は思想の自由および発表の自由が極度に容認されていた。当時の諸国王や諸都市はしばしば哲人たちの討論会を開いてかれらに自由に対論させたが、いかなる意見を述べても処罰されることはなかった。当時の異端説は原始仏教聖典の中に六十二見としてまとめられているが、その極めて古い詩句のうちにプーラナ、パクダ、ゴーサーラ、ニガンタ・ナータプッタという諸哲人の名がその各自の学説ともに言及され、またその他にアジタ、サンジャヤの二人を加えて「六師」とよぶこともあるが、これらの人々が当時の有力な思想家であった[2]。

この時代に現われた諸教説はインド一般としては〈異端〉とみなされている。そのわけはヴェーダ聖典の権威を真正面から否定したからである。仏教もその興起した当初には、異端説の一つにほかならなかったのである。

(1) *『インド古代史』上。Gokuldas De: Significance and Importance of Jātakas, Calcutta University, 1951.
(2) 宇井『印哲研』第二・三巻、中村『原始仏教の成立』(春秋社、昭和四十四年)一一一六八頁。

二　プーラナの道徳否定論

プーラナ(Pūraṇa Kassapa)は奴隷の子であり、その主人の牛舎で生まれ、主人のもとから逃れ、そのとき衣を取られて以来、裸形でいたといわれる。かれによると、生きものおよび人間の体を切断し、苦しめ、悲しませ、おののかせ、生命を奪い、与えられざるものを取り、家宅侵入・掠奪・強盗・追剝・姦通・虚言などをしても、少しも悪を為したのではない。悪業に対する報いも存在しない。また祭祀を行なっても、施し、克己、感官の制御、真実を語ることによっても、善の生ずることはなく、また善の報いも存在しないという。

三　パクダの七要素説

パクダ（Pakudha Kaccāyana）によると、人間の各個体は七つの集合要素、すなわち地・水・火・風の四元素と苦・楽と生命（霊魂 jīva）とから構成されている。これらの七要素は作られ創造されたものではなく、他のものを産み出すこともない。これらは山頂のように不変であり、石柱のように安定している。互いに他を害《そこな》うこともない。故に世の中には、殺す者も殺させる者もなく、教えを聞く者も聞かせる者もなく、識別する者も識別させる者も存在しない。利剣を以て頭を断つとも、これによって何人も何人の生命を奪うこともない。ただ剣刃が七つの要素の間隙を通過するのみである――と。

四　ゴーサーラの決定論とアージーヴィカ教(1)

ゴーサーラ（Makkhali Gosāla 前三八八年頃歿）は巡礼者であった両親が牛舎に入って雨期を過ごしていたときに生まれたといわれる。かれの属していた宗教はアージーヴィカ（Ājīvika または Ājīvaka）と称する。元来は「生活法に関する規定を厳密に遵奉する者」の意味であるが、他の宗教からは貶称《へんしょう》として「生活を得る手段として修行する者」の意味に用いられ、漢訳仏典では「邪命外道《じゃみょうげどう》」と訳している。

かれは生けるものを構成している要素として霊魂・地・水・火・風・虚空・得・失・苦・楽・生・死の十二種を考えた。あとの方に挙げた六種は、これらの名で呼ばれる現象作用を可能ならしめる原理を考えてこれを実体視したものである。霊魂は物体のごとくに考えられ、諸々の元素のみならず動物・植物等の生物にもそれぞれ存すると主張している。

一切の生きとし生けるものが輪廻の生活をつづけているのは無因無縁である。またかれらが清らかになり解脱するのも無因無縁である。かれらには支配力もなく、意志の力もなく、ただ運命と状況と本性とに支配されて、いずれかの状態において苦楽を享受するのである。意志にもとづく行為は成立し得ない。八百四十万の大劫の間に、愚者も賢者も流転し輪廻して苦の終わりに至る。その期間においては修行によって解脱に達することは不可能である。あたかも糸毬を投げると、解きほごされて糸の終わるまで転がるように、愚者も賢者も定められた期間の間は流転しつづけると主張した。

アージーヴィカ教はマウリヤ王朝時代までは相当有力であったが、その後ジャイナ教の中に吸収された。しかし南部インドのタミル人（マドラス州に居住）の間ではアージーヴィカ教が存続し、西紀一二九四年の碑文にはアージーヴィカ教徒の存在が明示されている。

（1）　A. L. Basham: History and Doctrines of the Ājīvikas. A Vanished Indian Religion, London 1951. 年代は＊『インド古代史』上による。

五　アジタの唯物論

アジタ（Ajita Kesakambalin）は当時の一部の苦行者の風習に従って、毛髪でつくられた衣をまとっていたと考えられる。かれによると、地・水・火・風の四元素（＊四大）のみが真の実在であり、独立常住である。さらに、これらの元素が存在し活動する場所として虚空の存在をも認めていた。人間はこれらの四元素から構成されている。人間が死ぬと人間を構成していた地は外界の地の集合に帰り、水は水の集合に、火は火の集合に、風は風の集合に帰り、もろもろの機官の能力は虚空に帰入する。人間そのものは死とともに無となるのであって、身体のほかに死後にも独立に存在する霊魂なるものは有り得ない。人々は火葬場に至るまで歎辞を説くけれども、屍が焼かれると後には鳩色の骨が残り、供物は灰となる。愚者も賢者も身体が破壊されると消滅し、死後には何ものも残らない。したがって現世も来世も存せず、善業あるいは悪業をなしたからとて、その果報を受けることもない。施しも祭祀も供犠も無意義なものである。世の中には父母もなく、また、人々を教え導くところの、つとめる人・バラモンも存在しないと主張した。このような唯物論・快楽論の思想を、インド一般に順世派（Lokāyata, Laukāyatika「世間に従属せる人」の意）、あるいはチャールヴァーカ（Cārvāka）と呼んでいる。唯物論者たちは近代に至るまで現われたが、かれらの著書は今日には何も伝えられていないといってよい。

六　サンジャヤの懐疑論

サンジャヤ（Sañjaya Belaṭṭhiputta）は、「来世が存在するか？」という質問を受けたときに、次のように答えた、『もしもわたくしが「あの世は存在する」と考えたのであるならば、「あの世は存在する」とあなたに答えるであろう。しかしわたくしはそうだとは考えない。そうらしいとも考えない。それとは異なるとも考えない。そうではないとも考えない。そうではないのではないとも考えない』と。その他、「善悪業の果報は存在するかどうか？」などというような形而上学的問題に関しても、かれは同様にことさらに意味の把捉され得ない曖昧な答弁をして、確定的な返答を与えなかったという。かれのような所論は「鰻《うなぎ》のようにぬらぬらして捕え難い議論」と呼ばれ、また確定的な知識を与えないという点で不可知論（ajñānavāda）とも称せられる。形而上学的問題に関する判断中止の思想が初めて明らかにされた。

かれは、当時インドで最大強国であったマガダの首都、王舎城に住んでいて、釈尊の二大弟子サーリプッタ（Sāriputta）とモッガラーナ（Moggallāna）も初めはサンジャヤの弟子であったが、のちに同門の二百五十人を引きつれて釈尊に帰依するに至った。仏教が懐疑論を乗り超えてひろがったという事情は重要視すべきである。

七　原始ジャイナ教

ジャイナ教(1)の祖師は六師の一人であるニガンタ・ナータプッタ（Nigaṇṭha Nātaputta）である。かれの本名はヴァルダマーナ（Vardhamāna）であるが、大悟してから後にはマハーヴィーラ（Mahāvīra 偉大なる英雄）と尊称される。ナータプッタとはジニャータ（Jñāta）族の出身者という意味である。ニガンタとは、かれよりも以前に古くから存した宗教上の一派の名であるが、かれがこの派に入って後、その説を改良したのでジャイナ教が成立した。〈ジャイナ〉（Jaina）とはジナ（Jina 勝者、修行を完成した人）の教えという意味である。ヴァルダマーナは西紀前四四四年(2)ころに商業都市ヴァイシャーリー（Vaiśālī）市の北部の村で王族の子として生まれた。かれは成長して一婦人と結婚したが、三十歳のとき出家して修行者（沙門《しゃもん》）となり、ニガンタ派に入り、専心苦行を修した。その結果、大悟を得てジナとなり三十年間教化を行ない、七十二歳で寂した（西紀前三七二年ころ）。ジャイナ教の伝説によると、かれが世に現われる以前に二十三人の救世者（tīrthaṃkara）が現われ、第二十三祖をパーサ（Pāsa, Pārśva）といい、マハーヴィーラは第二十四祖に該当するという。ジャイナ教はその後仏教とともに発達し、正統バラモン系統以外の二大宗教の一つとしてインド文化の諸方面に著しい影響を及ぼした。

当時の思想界においては、種々の思想が対立し、互いに争っていたが、マハーヴィーラは事物に関しては絶対的なあるいは一方的な判断を下してはならないと主張した。事物は種々の立場から多方面にわたって考察すべきである。もしも何らかの判断を下そうとするならば、「或る点から見ると」(syād)という制限を附して述べなければならない。例えば事物は実体または形式という点から見ると常住であると言い得る。同時に状態または内容という点から見ると無常であると言い得る。すべては相対的に言い表わし、相対的に解すべきである。この観察法を「見かた」(naya)といい、この点にもとづいてジャイナ教の立場は不定主義(相対主義 syādvāda, anekāntavāda)と称せられる。

マハーヴィーラはかかる批判的・反省的立場に立っていたから、ヴェーダ聖典の権威を否定し、バラモンたちが日常行なっている祭祀は無意義・無価値であると主張したのみならず、祭祀において獣を殺すのは罪をもたらすといって排斥し、また階級制度に反対した。そうして合理主義的な立場に立って、あらゆる人間があらゆる時あらゆる所においても遵奉すべき普遍的な法(dharma)があると考えた。

マハーヴィーラは特に現世の悲惨・苦悩を痛切なことばを以て強調している。

『生きものは生きものを苦しませる。見よ! 世間における大なる恐怖を。……かれらは無力なる脆き身体もて破滅に赴く[3]。』

この苦悩から解脱するためにかれは形而上学的考察を開始する。宇宙は多くの要素から構成されているが、それらを大別して霊魂(jīva)と非霊魂(ajīva)との二種とする。霊魂は地・水・火・風・動物・植物の六種に存するから六種の霊魂があるが、それは物質の内部に想定される生命力を実体的に考えたものである。やや後の霊魂観によると、霊魂はその宿る身体に応ずるだけの大いさを有し、また上昇性をもっているという。非霊魂は運動の条件(dharma)と静止の条件(adharma)と虚空(ākāśa)と物質(pudgala)との四つであり、霊魂と合わせて数えるときには五の実在体(astikāya)と称する〔或る場合には時間を一つの実在体と考えて、合わせて六つを想定することもある〕。虚空は大空所であり、この中に他の諸々の実在体が存在する。時間は永遠にして単一なるものであり、空間的な拡がりを有しない。物質は無数に存在し、多数の物体を構成し、場所を占有し、活動性と下降性とを有する。物質は原子から構成されているが、原子は部分を有せず、分割し得ず、また破壊することのできぬものである。原子それ自体は知覚され難いものであるが、それらが集合して現実の知覚され得る物質を形成している。世界はこれらの実在体によって構成されていて、世界の外に非世界がある。宇宙は永遠の昔からこれらによって構成されていて、太初に宇宙を創造したりあるいはそれを支配している主宰神のごときものは存在しない。

人間の身体が活動して身・口・意の三業を現ずると、その業《ごう》のために微細な物質が霊魂を取り巻いて附着する。これを流入(āsrava)と称する。その微細な物質は霊魂を囲んで微細な身体(業身)を形成し、霊魂を束縛し、霊魂の本性を覆っている。このことを繋縛《けばく》(bandha)と称する。この繋縛の故に、諸々の霊魂は地獄・畜生・人間・天上の四迷界にわたって輪廻し、絶えず苦しみの生存を繰り返している。

業に束縛されたかかる悲惨な状態を脱し、永遠の寂静に達するためには、一方では苦行によって過去の業を滅ぼすとともに、他方では新しい業の流入を防止して霊魂を浄化し、霊魂の本性を発現させるようにしなければならない。これを制御（saṃvara）と称する。これを徹底的に実行することは、世俗的な在家の生活においては不可能であるから、出家して修行者（沙門）となり、一切の欲望を捨て、独身の遍歴（遊行《ゆぎょう》）生活を行なうことを勧めている。かかる修行者はビク（比丘《びく》 bhikkhu）とも称せられ、托鉢乞食の生活を行なっていた。かれらのためには、多数の戒律が制定されているが、まず第一に遵守すべきものは、不殺生・真実語・不盗・不婬・無所有という五つの大戒である。ジャイナ教の修行者は戒律を厳格に遵守し、実行している。不殺生戒はとくに重要視された。一切の生きものは生命を愛しているのであるから、生命を傷つけることは最大の罪悪であるという。ジャイナ修行者は無所有ということでも徹底し、一糸も身にまとわないで蚊や蠅などに身を曝《さら》して裸形で修行していた。しかしやがて白衣をまとうことを許す一派が現われたが、これが白衣派（Śvetāmbara）という。これに対して、全然衣をまとうことを許さない保守的な人々を裸形派（空衣派 Digambara）と称する。かれらは飲食を制限し、しばしば断食を実行し、断食による死が極度に称讃されている。修行に当たっては自己の力にたよるべきことを強調し、何ら救済者の恩寵などを期待してはならぬという。

かかる修行によって業の束縛が滅ぼされ、微細な物質が霊魂から離れることを止滅（nirjarā）と称する。その結果、罪悪や汚れを滅ぼし去って完全な知慧を得た人は「生をも望まず、死をも欲せず」「現世をも来世をも願うことなし」という境地に到達する。この境地を解脱・寂静《じゃくじょう》・ニルヴァーナ（nirvāṇa 涅槃《ねはん》）と称する。身体の壊滅とともに完全な解脱が完成する。やや後れて成立した解脱観によると、身体が死するや解脱した霊魂は本来有する上昇性を発揮して上方に進行し、世界を脱して非世界に到達するが、そこにおいては霊魂はその本性において現われ絶対の安楽が得られる。これが真の解脱であるという。

かかる厳重な修行は在俗信者の行なうことのできないものであるから、信者は因果応報の理を信じ、高僧の教えに従って道徳的な正しい生活を送ると、死後には神々の世界に達し、楽しい生活を享受することができるという。在家の信者にも不殺生戒の厳守を要求するので、信徒は農業ないし一般に生産に従事することを好まず、職業としては商業を選ぶ傾向がある。ジャイナ教徒は商業（とくに金貸業と販売業）に精励し、正直であるため信用もあり、富裕であり、前世紀までのインド民族資本の過半数はインド全人口の〇・五パーセントにすぎないジャイナ教徒の手中にあったといわれる。[4] ジャイナ教は宗教と資本主義との関係について問題を提起するインド最初の事例である。

（1） ジャイナ教の思想に関しては W. Schubring: Die Lehre der Jainas (Grundriss III, 7), Berlin 1935. H. v. Glasenapp: Der Jainismus. Eine indische Erlösungsreligion, Berlin 1925. H. Jacobi: Gaina Sūtras (SBE. XXII and XLV), Oxford 1884, 1895. 金倉円照『印度古代精神史』（岩波書店、昭和十四年）、二〇九頁以下。
（2） *『インド古代史』上、による。
（3） Āyāraṅga, ed. by W. Schubring, p. 27.

（4）＊『宗教と社会倫理』一六―四一頁。

八　原始仏教(1)

㈠開祖ゴータマ・ブッダと聖典

仏教はブッダ（Buddha 仏、仏陀）の創始した教えである。かれは姓をゴータマ（Gotama 瞿《く》曇《どん》）、名をシッダッタ（Siddhattha, Siddhārtha 悉達・悉陀）といい、西紀前四六三年ころに(2)、ネパールの釈迦《しゃか》（Sākiya, Śākya）族の中心地であるカピラ城（Kapilavatthu, Kapilavastu）に国王たる浄飯王《じょうぼんのう》（Suddhodana）の長子として生まれた。カピラ城は中部ネパールの南辺にあるタラーイ（Tarāi）盆地にあり、かれの誕生地は、その郊外のルンビニー（Lumbinī）園であった。生後まもなく母（Māyā 夫人）を失い、叔母に育てられた。十六歳のときに妃を迎え、一子ラーフラ（Rāhula 羅睺羅《らごら》）を儲けたが、深く人生の問題に悩み、二十九歳で出家した。アーラーラ・カーラーマ（Āḷāra Kaḷāma）とウッダカ・ラーマプッタ（Uddaka Rāmaputta）という二人の仙人を順次に歴訪し、かれらの体得した禅定を修したが、しかしその修行法に満足し得なかった。そこで山林に籠って六年間苦行に勤め、身は瘠《や》せさらばえて肋骨が見えるほどになったが、さとりを得ることができなかった。そこで苦行の無意義であることを知り、河に浴して村の少女の捧げる乳糜《にゅうび》を飲んで元気を回復した。それからガンジス河中流南岸にあるブッダガヤー（Buddhagayā）の菩提樹のもとで沈思瞑想し、三十五歳で大悟成道し、覚者（Buddha）となった（前四二八年ころ）。それからかれはヒンドゥー教の聖地ベナレス（Vārāṇasī, Benares）に赴き、その郊外にある〈鹿の園〉（Migadāya 鹿野《ろくや》園《おん》）において旧友の修行者五人を教化して、ここに仏教教団が成立した。その後毎年雨期には一カ所にとどまって定住生活（雨安居《うあんご》）を行なったが、それ以外の時期にはつねに諸地方を遊歴して教化を行ない、クシナーラー（Kusinārā ネパール国境の近くにある）で八十歳で入滅した（前三八三年ころ）。尊称して釈尊（Sākiya-muni 釈迦牟尼《しゃかむに》、釈迦族出身の聖者）という。

原始仏教の聖典のまとまったものとしてはパーリ語の三蔵[3]とその相当漢訳とがある。

I　Vinaya-piṭaka（律蔵）　『四分律《しぶんりつ》』『五分律《ごぶんりつ》』『十誦律《じゅうじゅりつ》』『摩訶僧祇律《まかそうぎりつ》』『根本説一切《こんぽんせついっさい》有部律《うぶりつ》』など。

II　Sutta-piṭaka（経蔵）

（1）Dīgha-nikāya　『長阿含経《じょうあごんきょう》』

（2）Majjhima-nikāya　『中阿含経《ちゅうあごんきょう》』

（3）Saṃyutta-nikāya　『雑阿含経《ぞうあごんきょう》』

（4）Aṅguttara-nikāya　『増壱阿含経《ぞういちあごんきょう》』

（5）Khuddaka-nikāya　相当文が漢文の大蔵経のうちの諸所に散在する。

（Khuddaka-pāṭha, Dhammapada, Udāna, Itivuttaka, Suttanipāta, Vimānavatthu, Petavatthu, Theragāthā, Therīgāthā, Jātaka, Niddesa, Paṭisaṃbhidāmagga, Apadāna, Buddhavaṃsa,

Cariyā-piṭaka.)

Ⅲ　Abhidhamma-piṭaka（論蔵）

(Dhammasaṅgaṇi, Vibhaṅga, Puggalapaññatti, Yamaka, Dhātu-kathā, Kathāvatthu, Paṭṭhāna.)

パーリ語の聖典は、南アジアのセイロン、ビルマ、タイ、カンボージア、ラオスならびにヴェトナムの一部に伝えられている。チベット大蔵経のうちにも相当部分が若干存在するし、また中央アジアの遺跡からサンスクリットで書かれた相当聖典の断片が発見され、近年少しずつ刊行されている。

（1）入門書として特にすぐれているのは、竜山章真『印度仏教史概説』（昭和十三年、法蔵館）、宇井伯寿『仏教経典史』（東成出版社、昭和三十二年）、W. II（＝中野・大仏共訳『印度仏教文学史』大正十二年）。新しい書として三枝充悳『初期仏教の思想』（東洋哲学研究所、一九七八年）がある。

（2）年代に関しては＊『インド古代史』下、四〇九頁以下。伝記については＊『ゴータマ・ブッダ（釈尊伝）』（法蔵館）によった。宇井『印哲研』二巻参照。一九五六年には、セイロン、インドその他南方諸国では、政府主催のもとに仏滅二五〇〇年の記念の Wesak 祭を行なった。

（3）すべて高楠監修『南伝大蔵経』の中に邦訳されている。新しい訳としては、中村元訳『ブッダのことば―スッタニパータ―』（岩波文庫、昭和三十三年）、中村訳『ブッダの真理のことば　感興のことば』（岩波文庫、一九七八年）、中村訳『ブッダ最後の旅―大パリニッバーナ経―』（岩波文庫、一九八〇年）。その他古いが有名な訳としては、友松円諦訳『全訳法句経』（神田寺、真理運動本部、昭和二十七年）、長井真琴『ダンマパダ』（玄同社、昭和二十三年）、立花俊道訳『長老偈』『長老尼偈』（『国訳大蔵経』経部

十二、大正七年、再刊、昭和五十年、第一書房）などがある。

原始仏教研究に関する学史的考察は、和辻哲郎『原始仏教の実践哲学』（岩波書店、昭和二年）、三一三―三二頁、水野弘元『パーリ語文法』（山喜房仏書林、昭和三十年）、一九〇頁以下にまとめられている。現在の研究としては、右のほか宇井『印哲研』第二・三・四巻（大正十四年―昭和二年）、増永霊鳳『根本仏教の研究』（風間書房、昭和二十三年）、渡辺楳雄『仏陀の教説』（三省堂、昭和十年）、西義雄『原始仏教に於ける般若の研究』（大倉山文化科学研究所、昭和二十八年）、干潟竜祥『本生経類の思想史的研究』（東洋文庫、昭和二十九年）。

西洋のまとまった研究書で邦訳のあるものは、H. Oldenberg: Buddha, Berlin 1882（木村泰賢・景山哲雄共訳『仏陀』昭和三年）、H. Kern: Manual of Indian Buddhism, Strassburg 1896（立花俊道訳『ケルン氏仏教大綱』）、R. Pischel: Leben und Lehre des Buddha, 2 Aufl. Leipzig 1910（鈴木重信訳『仏陀の生涯と思想』）。H. Beckh: Buddhismus, 3 Aufl. (Sammlung Göschen, Nr. 174, 770), Berlin 1928（渡辺照宏訳『仏陀』岩波文庫、昭和三十七年）。

(二)哲学思想

ゴータマ[1]は、当時の思想界において、本質的に相容れない種々の哲学説が、互いに相対立し、矛盾し、抗争している事実を注視し、反省した。『或る人々が「真理なり、真実なり」というところのその〔見解〕をば、他の人々は「虚偽なり、虚妄なり」という。かくのごとく、かれらは異なれる見解をいだいて、互いに論争をなす』(Sn. 883)。しかし人がいずれか一つの哲学説の立場から離れて、この思想史的現実を客観的・通観的視点から眺めるならば、それらは互いに対立・抗争しているという点において、いずれも相対的・一方的である。『かくのごとくかれらは異論をいだいて論争し、「反対論者は愚者なり、無理解者なり」という。実にかれらはすべて〔みずから真理の〕熟達者なりと説くも、そもそもかれらの中にて真実の教説はいずれぞや？』（Sn. 879）。われわれは『真理は一にして第二あることなし』（Sn. 884）という要請をもっている。ゴータマはこの事実について次のような批判を下した。かれら哲学者たちは、結局解決し得ない形而上学的問題について論争を行なっているために確執に陥り、執着にとらわれ、その結果として図らずも悪を犯しているのである。『かれらは自己の見解への執着によって汚されたり』（Sn. 891）。ゴータマはかかる論争は無意義であるとして、論争に加わることを欲しなかった。かれは『諸々の論争を超越している』（Sn. 907）ともいわれる。したがって「我（霊魂）および世界は常住であるか、あるいは無常であるか？　我および世界は有限であるか、あるいは無限であるか？　身体と霊魂とは一つであるか、あるいは別のものであるか？　完全な人格者（tathāgata）は死後に生存するか、あるいは生存しないのか？」などの質問を発せられたときに、かれは答えなかったという（「十四無記」または「捨置記《しゃちき》」）。何故答えなかったのかというと、これらの形而上学的問題の論議は益なきことであり、真実の認識（正覚《しょうかく》）をもたらさぬからであるという。かれは一つの立場を固守して他の者と争うことがない。かれは種々の哲学説がいずれも特殊な執着にもとづく偏見であることを確知して、そのいずれにもとらわれず、みずから省察しつつ、内心の寂静《じゃくじょう》の境地に到達しようとした。かれはみずから真実のバラモンまたは「つとめる人」（沙門）となる道を説くのだと標榜していた。仏教はどこまでも人間の生きるべき道を明らかにしたのであり、この道またはきまりを〈法〉（dharma）とよんだ。

仏教の実践的認識の最初に当面した問題は、人生の苦しみということであった。人間はどこにあっても、またいかなるものにたよっても、苦しみから脱することはできない。『生も苦であり、老も苦であり、病も苦であり、愛せざるものに合することは苦であり、愛するものに離れることは苦であり、欲するものを得ざることも苦である。要約していうならば、五つの執着によるあつまり（*五取蘊《ごしゅうん》）は苦である』。〈苦〉とは自己の欲するがままにならぬことをいう。

ところでわれわれの経験するあらゆるものが苦しみであるのは何故かというと、それがすべて無常であるからである。『ああ短いかな、人の生命よ。百歳に達せずして死ぬ。たといさらに長く生きるとしても、また老衰のために死ぬ』（Sn. 804）。この世における一切の事物は諸々の因縁が合することによって造られたものであり、常に変遷し、刹那といえどもとどまることがない（諸行無常《しょぎょうむじょう》）。したがって人は何ものかを「わがもの」「わが所有である」と考えて執着してはならない。まず「わがもの」という観念を捨て去らねばならぬ。およそ自己の所有と見なされているものは常に変滅するから、永久に自己に属しているものではない。われわれの存在を構成する一部としての『物質的なもの（*色《しき》）は無常である。無常であるものは苦である。苦であるものは非我である。非我なるものはわがものではない。これはわれではない。これはわがアートマンではない』（他の精神作用（受《じゅ》・想《そう》・行《ぎょう》・識《しき》）についても同様の文句が繰り返されている」。世人がアートマンなりと解するかもしれないいかなる原理あるいは機能も実はアートマンではない。またアートマンに属するものでもない。

しかし、仏教ではアートマンを否定したのではなくて、人間の倫理的行為のよりどころとしてのアートマンを承認していた。釈尊の臨終の説法の一つは「自己（アートマン）にたよれ。法にたよれ。自己を燈明（または島）とせよ。法を燈明とせよ」ということであった。人間の理法を実践するところに真の自己が具現されると考えていたのである。

仏教では実体的あるいは機能的な我を想定することに反対したが、しかし無数に多くの法（dharma）を認めた。この場合にいう〈法〉とは、われわれの現実存在をして現にかくのごとくあらしめているきまり・規範である（任持自性《にんじじしょう》・軌生物解《きしょうもつげ》）。われわれの現実存在の中には多数の法がはたらいている。そこで、われわれの具体的な現実存在を解明するために種々なる法の体系が説かれた。例えば、われわれの存在は五蘊《ごうん》（五陰《ごおん》）すなわち五種類の法の領域において保持され、形成されている、と考えた。五蘊とは色《しき》（rūpa 感覚的・物質的なるもの一般）・受《じゅ》（vedanā 意識のうちに何らかの印象を受け容れること）・想《そう》（saṃjñā, saññā 意識のうちに像を構成すること）・行《ぎょう》（saṃskāra, saṃkhāra 能動性、潜在的形成力）・識《しき》（vijñāna, viññāṇa 対象をそれぞれ区別して認識する作用）である。われわれの存在は、かかる五種類の法の領域において成立している。そこに成立しているすべてのものを総括して、世俗的立場から見てそれをかりに「我」「自己」と呼んでいるのであるが、しかしわれわれの中心主体はそのいずれの法の領域のうちにも認めることができない。一切の「われ」「わがもの」という観念は抜き去って考えなければならない。また別の法の体系として、例えば、われわれの認識および行動の成立する領域として眼《げん》・耳《に》・鼻《び》・舌《ぜつ》・身《しん》・意《い》の六入が立てられ、またそれに対立する対象を成立せしめる領域として色《しき》・声《しょう》・香《こう》・味《み》・触《そく》（触れられるもの）・法《ほう》（考えられるもの）の六境が立てられている。

　われわれの生存は以上のごとくである。しかるに世人ならびに一般の哲学者たちはこれらの理法に気がつかない。何らかの常住永遠な我があると考えてそれを固執している。そのため多くの煩悩を生じ、それに悩まされている。人間の煩悩には貪欲・嫌悪（怒り）・迷いなどいろいろあるが、それらはわれわれの生存の根本にある〈妄執〉（taṇhā 渇愛《かつあい》）にもとづいている。それは渇えているときに水が飲みたくてしようがないことに譬《たと》えられる盲目的な衝動のようなものである。その妄執があるために人間は種々の行動（karman, kamma *業《ごう》）を作り出す。その結果としてわれわれは迷いの生存（輪廻《りんね》 saṃsāra）のうちに没入しているのである。

　ところで人間がこの妄執に悩まされているのは、結局我を固執しているからである。しかしながら人が苦・無常・非我の理をさとって正しい知慧を完成したならば、この妄執を断ずることができる。何となれば、かかる認識を得たならば、もはや何ものかを、我、或いはわがものであると執着して欲求することがないからである。

　ところでそれを実現し、真理の認識を体得するためには、修行につとめ、戒律を守り、禅定を修する必要がある。その修行によって真理を体得し、妄執を断じたならば、一切の束縛から脱し得る。それが解脱の境地である。それを不死とかニルヴァーナなどと呼ぶ。ニルヴァーナ（nibbāna, nirvāṇa 涅槃《ねはん》）とは「吹き消すこと」あるいは「吹き消した状態」を意味し、あたかも風が燃える火を吹き消した場合のように、燃えさかる煩悩の火焔を知慧によって吹き消し、苦悩の無くなった状態をいう。そこにおいては寂静《じゃくじょう》にして最上の安楽の境地が実現されると考えた。

ゴータマは以上の道理を人間の理法として、機会あるごとに弟子・信者・異教徒（*外道）たちに説き教えたのであるが、教説の綱格としてまとめられたものが〈四種の真理〉（四諦《したい》）の説である。それは次のものをいう。

(一)〈苦しみという真理〉（苦諦《くたい》）。凡夫の生存は苦しみであるという真理。(二)〈苦しみの生起という真理〉（集諦《じったい》）。凡夫の種々の苦悩は、結局煩悩、とくに渇のような妄執にもとづいて起こるという真理。(三)〈苦しみの止滅という真理〉（滅諦《めったい》）[2]。妄執を完全に制し、したがって苦しみを滅し尽くしたニルヴァーナが解脱の理想境であるという真理。(四)〈苦しみの止滅にみちびく道という真理〉（道諦《どうたい》）。この苦しみの止滅に導く修道法は八正道にほかならぬという真理。八正道《はっしょうどう》（または八聖道《はっしょうどう》）とは、正しい見解（正見《しょうけん》）・正しい思惟（正思《しょうし》）・正しいことば（正語《しょうご》）・正しい行為（正業《しょうごう》）・正しい生活（正命《しょうみょう》）・正しい努力（正精進《しょうしょうじん》）・正しい念想（正念《しょうねん》）・正しい精神統一（正定《しょうじょう》）をいう。

また縁起《えんぎ》（paṭiccasamuppāda）の教説は、われわれの迷いの生存が何にもとづいて成立しているのであるか、その所以を考察して明らかにし、それと同時に、その根本の条件を滅することによってわれわれの迷いの生存をも滅し得ることを教えるのである。原始仏教聖典のうちには種々なる型式の縁起説が説かれているが、いずれの縁起説も、われわれの現実の日常生活が老病死などの苦に悩まされている冷酷な事実を直視し、何故かかる苦が現われているか、その所以を探求して、結局人生の真実相に関する無知（*無明《むみょう》）がわれわれの生存の根柢に存し、それが根本条件となっているから、その無明を滅ぼすことによってわれわれの苦も消滅するという趣意を明らかにしようとしている（最も発達した型式の縁起説では、無明《むみょう》・行《ぎょう》・識《しき》・名色《みょうしき》・六入《ろくにゅう》・触《そく》・受《じゅ》・愛《あい》・取《しゅ》・有《う》・生《しょう》・老死《ろうし》の十二支を立てる）。

（1）*『原始仏教の思想』上下二巻（春秋社、一九七〇、七一年）、*『インド思想の諸問題』六八五頁以下。

（2）「滅」というのは漢訳語であり、原語 nirodha およびそのチベット訳 hgog-pa は〈制する〉という意味である。

㈢実　践

仏教の教える実践[1]は、一言でいえば、道徳的に悪い行為を行なわないで、生活を浄めることである（「諸悪莫作《しょあくまくさ》、衆善奉行《しゅぜんぶぎょう》、自浄其意《じじょうごい》、是諸仏教《ぜしょぶっきょう》」）。正しい道徳は古今を一貫した永遠の法であり、ゴータマが新たに創始して作り出したものではないという。かれは真実のつとめる人・真実のバラモンたる道を人々に教示するのであるということを標榜していた。また昔の徳行ある聖仙を称讃している。

八正道の実践を中道と称する。当時の新興自由思想家の間では、道徳に反することをしても現世の快楽に耽ることを教える人々があり、また他方では身を苛《さいな》む苦行に専心する人々があったが、ゴータマはそのいずれをも極端な誤った実践法であるとして排斥した。

原始仏教の教団をサンガ(2)（saṃgha 僧伽《そうぎゃ》、僧）と称する〔サンガとは政治的には共和政体、経済的には組合を意味する〕。教団は出家修行者たる男性（bhikkhu 比丘《びく》）と女性（bhikkhunī 比丘《びく》尼《に》）と在俗信者たる男性（upāsaka 優婆塞《うばそく》）と女性（upāsikā 優婆夷《うばい》）との四種類（＊四衆《ししゅ》）より成るが、教団の中心を構成していたのは出家修行者であった。ゴータマは徳行高き婦人を尊敬すべきことを説いているが、教団内で女性に男性と同様の地位を与えたのは宗教上の平等主義にもとづく。

ゴータマは出家の清い自由な生活を讃美した。修行に精励しようと思うものは、在家の愛欲の生活から離れ、出家して独身となり、人里離れた所に庵を構え、大樹の下や塚の間に坐し、または山々の洞窟の中に住み、静かに禅定を楽しんでいた。のちには精舎《しょうじゃ》で集団生活をする人々も次第に多くなった。早朝に村落または都市を托鉢乞食して、それによって得た僅かの食物を以て満足し、正午以後には何も食べることが許されなかった。また絶対に肉食を禁じていたのではなくて、自分のために殺される所を見たり、自分のために殺されたということを他人から聞いたり、自分のために殺されたのではないかという疑いのある鳥獣肉を食することは禁ぜられていたが、そうではなくて托鉢のときに与えられた肉類を食することは許されていた。衣服としては常に三衣《さんね》をまとうだけであった。飲食物や衣服を獲得して貯蔵することは禁ぜられていた。それらに対して執著を起こすといけないからである。世俗的な職業から離れ、占い・呪術・魔法なども禁ぜられていた。他人に対する心的態度としては、他人を尊重せよ、他人を軽視してはならぬ、他人と争ってはならぬ、怨んではならぬ、という。

『実にこの世において怨みにむくいるに怨みをもってしたならば、ついに怨みのやむことなし。怨みをすててこそやむ[3]。これは永遠不変の法である。』(Dhammapada 5)

そうして一切の衆生に対して慈悲を及ぼすべきことを強調した。

『あたかも、母が己が独り子をば、身命を賭しても守護するように、一切の生きとし生けるものに対しても無量の慈しみのこころを起こすべし。』(Sn. 149)

こういう修行を実践した修行僧は煩悩を滅ぼしつくし、憂をはなれ、心は寂静に帰し、この世をも来世をも願うことがない。毀誉褒貶に心を動かされることもない。その心境は清冽なる湖水のごとく、その静寂の境地を楽しんでいた。

在俗信者は仏と法と僧（つどい）の三宝に帰依する。その戒律としては五戒が主であったが、それは〈生きものを殺すなかれ〉（不殺生《ふせっしょう》）・〈盗むなかれ〉（不偸盗《ふちゅうとう》）・〈男女の間を乱すなかれ〉（不邪婬《ふじゃいん》）・〈いつわりを語るなかれ〉（不妄語《ふもうご》）・〈酒を飲むなかれ〉（不飲酒《ふおんじゅ》）の五つである。賭博も禁ぜられている。父母・妻子・親族を愛護すべきことを教え、客人を厚遇すべしという。経済問題に関しては、正しい職業に従事し、真実を語り、他人の利益をはかり、精励努力することによって信頼を得て、名誉・財産を獲得することを勧めている。しかし自分が財貨を一方的に獲得するのみで、ただ自分のもとに保持しておくことは無意義であるから、自分が用いると同時に、他人にも享受させ、有効に用いねばならぬという。他方、負債は必ず返済せねばならぬという。人々は互いに助け合って進むべきものとされている。

『曠野の旅の道づれのごとく、とぼしきなかよりわかち与うる人々は、死せるもののあいだにあって滅びず。これは永遠の法である。』(SN. I, p. 18)

仏教は人間社会に存する階級的区別に反対して、人間はすべて平等であると主張した。『世に名とし姓として挙げらるるものは、ただことばにすぎず』(Sn. 648)。血統・家柄・財産を誇ってはならぬ。バラモンも徳行が高くてこそ始めて尊敬を受けるに値するという。すべての人間の平等ということは、現実の社会においては容易に実現され難いが、仏教教団の出家修行者の間では、徹底的に現実化されていた。出家する以前の世間的な階級的・身分的区別はすべて消滅し、みな一様に「釈子」となる。教団における席次は出家以来の修行の年数(法臘《ほうろう》)によって、決定されていた(臘次《ろうじ》)。そこで、原始仏教の教団には上下あらゆる階級から参加している。

国家の問題に関しては、国王は元来人民の選出したものであると当時の仏教徒は考えていた。しかし当時の国王は人民に対して極めて強暴であり、力を以て民衆を圧迫していたから、当時の仏教徒は、国王の支配のもとからできるだけ遠ざかって、まず出家者の間だけで完全な理想社会(サンガ)を作り出し、その精神的感化のもとに一般社会の改革を実行しようとした。しかし、国家を全然無視して社会理想を実現するということは、実際問題としてはついに不可能であったので、おのずから国家の指導を問題とするに至った。ゴータマはヴァッジ（Vajji）族の共和制政治を称讃したと伝えられている。仏教教団の運営方式は共和政治を模したものであった。国家は法を実現すべきものであると考えられている。(4)

（1）＊『原始仏教の生活倫理』（春秋社、一九七二年）、佐藤密雄『原始仏教教団の研究』（山喜房仏書林、昭和三十八年）。平川彰『原始仏教の研究』（春秋社、昭和三十九年）、早島鏡正『初期仏教と社会生活』（岩波書店、昭和三十九年）。
（2）＊『インド古代史』上、二二二頁以下、＊『宗教と社会倫理』六〇―一四八頁。
（3）＊『慈悲』（平楽寺書店、昭和三十一年）。
（4）註（2）と同じ。

第四章　国家統一と諸宗教の変動

一　マウリヤ王朝による全インドの統一[1]

アレクサンドロス（Alexandros）大王は西紀前三二七年に西インドに侵入し、諸所に都会を建設したが、麾下の将兵がこれ以上の行軍を頑強に拒んだので王は軍勢を引き連れてインダス河を下り、翌年西方に帰還して、前三二三年七月バビロンで客死した。当時ガンジス河平原における最大勢力はマガダ（Magadha）国であり、ナンダ（Nanda）王朝の支配下にあったが、西紀前三一七年ころに同国の一青年チャンドラグプタ（Candragupta）が同王朝を覆えして近隣諸国を併呑してマウリヤ（Maurya 孔雀）王朝を創始した。かれはさらに西北インドからギリシア人の軍事的勢力を一掃し、侵入して来たシリア王セレウコス・ニーカトール（Seleukos Nīkatōr）の軍隊を撃退し、ほぼインド全体にわたる最初の大帝国を建設した。かかる成功は、当時インドの穀倉と称せられていたマガダ国の豊かな財富と特殊な戦車などを利用したすぐれた軍事技術がその有力な原因となったのではないかと想像されるが、直接にはかれの賢明な宰相カウティリヤ（Kautilya 別名 Cāṇakya）の画策に負うところが多かったといわれる。

チャンドラグプタの孫アショーカ王（Aśoka 阿育《あいく》、在位年限ほぼ前二六八―二三二年）のときにマウリヤ王朝の威勢は絶頂に達した。かれはさらに東南海岸のカリンガ（Kaliṅga）国をも平定した。この王朝はアショーカ以後勢威が衰えたが、前一八〇年ころまで続いたらしい。諸外国と使臣(2)を交換し、エジプト・シリア・ギリシア等の諸国とも相当密接な外交交渉のあったことが知られている。

この王朝はインド史上空前の強大な国家権力を以て、重要な諸事業を遂行した。例えばチャンドラグプタは全インドにわたって多数の公路を建設し、駅亭を設け、また約半里ごとに標識としての柱を建てた。またアショーカは各道路に沿って並木を植え、約三里半ごとに井戸を掘り、旅人のための休憩所を設けた。道路の主要交叉点には、国家の倉庫を建設し、物資を収納し、緊急の際の用に供せしめ、また農産物の増加をはかるために運河や貯水池を造った。

（1）＊『インド古代史』上、三九七―六三二頁、下、三二七―四三七頁。

（2）シリアから派遣されたメガステネースに関しては＊『インドとギリシアとの思想交流』（春秋社、昭和四十三年）、二六四―二八五頁以下、＊『初期のヴェーダーンタ哲学』五二六頁以下参照。

二　カウティリヤの国家主義

『カウティリヤ実利論』（Kauṭilīyam Artha-śāstram）は政治・外交・軍事の指南書としては最も有名なものである。それは西紀後三世紀ころにバラモン学者によって編纂されたものであるらしいが、その中にはカウティリヤ自身の言が相当多く伝えられている。

この書は「国王即国家[1]」の主張にもとづいて著わされたものである。かれが最高目的と考えた国家とは、国王あるいは国王の利益のみに限られている。いかにして領土を拡張し、いかにして国王の利益を増大するか、ということがかれの最大関心事であった。「人民に基礎を置いていない国王は容易に滅ぼされる[2]」というが、人民はただ手段としての意義しかもっていなかった。庶民千人の損失よりも指導者一人の損失のほうが大きいという。かれは王の有する秘策を重要視した。しかし国王は政治の論書に従わなければならぬ。しからずんば不法の政治によって王国および自分自身を滅ぼすことになる。同盟締結の可能性ある場合には他国と同盟すべきであるといい、外交に関して多くのことを教えている。しかし友邦を味方につけておくためにはやはり武力にたよらねばならぬ。かれは軍隊の養成と築城とに力を注ぐべきことを説き、また戦勝を収めるために遵守すべき多くの規則を述べ、宣戦・進駐・停戦について種々の教示を与えている。ところで武力を増大せしめるためには国内の政治機構の改革と経済力の充実をはからねばならぬ。かれは真に実行力のある人物を大臣に登用すべしといい、官吏が中心となって一切の事業を遂行するようにさせた。『軍隊は府庫を中心とする』といい、『城塞よりも府庫のほうが重要である。府庫が充実しているならば、新たに軍備を拡張することもできるし、また友邦を獲得することもできる』と説く。鉱山の開発、陸上の交通路の設定などをも論じているが、土地制度を改革し、また監察制度を厳重にして大帝国の組織維持につとめたことが知られている。

かれの人生観は功利主義の立場に立っていた。『〈実利〉こそ最も主要なものである。何となれば、法も愛欲も実利にもとづいているからである』『財貨は一切の事業を達成せしめるものであり、法および愛欲をかち得る原因である』。インドでは古来人生の四大目的(caturvarga)として法(dharma)、実利(artha)、愛欲(kāma)、解脱(mokṣa)の四つを追求するのが慣わしであったが、カウティリヤは特に実利を根本とみなしたのである。

かれの学問論をみるに、学問(vidyā)としては哲学(ānvīkṣikī)とヴェーダ学(trayī)と実業学(vārttā)と政治学(daṇḍanīti)との四種類があるという。哲学を独立の学問として認めたのはかれが最初である。ところで学問の学問たる所以は、これらの四種によって法と実利とを知ることにあるという。(3)

(1) rājā rājyam, p. 325 (ed. by R. Shama Sastry, 2nd ed.).
(2) 以下の引用は順次に p. 236; 331; 340; 325–326; 310; 324; 14; 323; 12; 6.
(3) 〔飜訳〕R. Shama Sastry: Kauṭilya's Arthaśāstra, Bangalore 1923. J. J. Meyer: Das altindische Buch von Welt-

und Staatsleben, Leipzig 1926. 中野義照『カウティルヤ実利論』生活社、昭和十九年。*『初期のヴェーダーンタ哲学』四六七頁以下。*『インド古代史』上、五三五―五四六頁、下、四〇〇―四〇八頁参照。

三　アショーカ王の政治理想

アショーカ王[1]（Aśoka 阿育、在位年限ほぼ前二六八―二三二年）は父祖以来の方針に従って、集権的統一国家の基礎を強固ならしめ、また、即位灌頂《かんじょう》後第九年目には東南インドのカリンガ（Kalinga）地方を征服して、その領土を拡張した。特に、経済・交通に関する諸政策の実施に努め、異常な熱意を以て遂行した[2]。かれは自己の政治理想を民衆に徹底させるために、領内各地に多数の石柱を建て、また国境地方では岩石の面を研磨して、それぞれ詔勅の文章を刻み込み、そこに自己の決意を表明し、人民が心から王に共鳴・協力することを望んでいる。

かれは戦によって多くの罪なき民衆や獣畜を殺傷したことを恥じて、自己の熱烈な宗教的信念を吐露し、正法の理想を高く掲げている。かれは世界中の人間の守るべき普遍的な理法の存することを確信し、これを法（dharma）と呼んだ。この法は国籍・民族・宗教の如何を問わず、世界中のいかなる人間でも、いかなる時代にでも『日月の存する限り』守るべき永遠の理法である。かれは法の実践につとめた。政治とは『世人の利益安楽』をはかることであるが、その利益安楽は、現世に属するものと、彼岸の世界に属する「時間を超越せる」ものとがある。国王といえども一切衆生から恩を受けているから、かれの行なう政治は「債務の返還」すなわち報恩の行にほかならない。人民に対してはあたかも自分の親族に対するかのごとくに対処せねばならぬという決意を表明している。『一切の人々は皆わが子である。』

かれはつとに仏教に帰依していたが、従来一般インド人の遵奉していた祭祀・咒法は無意義なものであるとして、仏教に帰依すべきことを勧め、無益の殺生および獣畜の去勢を禁止し、貧しい人々のために〈施しの家〉を設立した。人間のための病院を設立したことは言うに及ばず、獣畜のための病院までも設け、諸方に薬草を栽培させた。また辺境の異民族を保護し、囚人に対してもしばしば恩赦を行なっている。さらに仏教の宣布に努め、寺塔の建立・修繕に力を致し、仏にゆかりのある土地には記念の塔や石柱などを建て、みずから巡拝を行なった。また伝説によると、王の子マヒンダ (Mahinda) がセイロンに派遣されたというが、以後セイロンは伝統的・保守的仏教の一大中心地となるに至った。

アショーカはこのように熱烈な仏教信者であったけれども、決して他の諸宗教を排斥することはなかった。ジャイナ教・バラモン教・アージーヴィカ教などの諸宗教をも同様に保護し援助し、諸宗教の提携を勧めた。一般人民に向かっては、社会人としての正しい道徳的実践を勧め、官吏に対しては、人民の利益と安楽とをはかり法に従って裁判・処罰を行ない、公平に扱うことを訓示し、寛容と刑罰の軽いことを尊重している。その目的実現のためにみずから視察旅行を行ない、また教法大官をして五年ごとに諸地方の査察・巡廻を行なわせた。遠く小アジア・ギリシア・エジプトにも使節を派遣して、法にもとづく政治の理想を伝えさせた。またかれは自己の詔勅文を当時の国際語であったアラメア語およびギリシア語でも発布させ、その断片が西北インド（西パーキスターン）、アーフガーニスターンなどで発見されているが、これはかれが自己の理想を国際的に呼びかけていたことを示すものである。これが機縁になって、かつては西洋にさえも仏教の影響が見られるようになった。[3]

このような統一国家の帝王のすがたが、普遍的帝王（転輪聖王《てんりんじょうおう》 Cakravartin）として一般民衆の意識に現われたと考えられる。この理想は仏典のみならず、ヒンドゥー教・ジャイナ教の書にも現われている。

（1）J. Przyluski: La Légende de l'Empereur Açoka, Paris 1923. D. R. Bhandarkar: Asoka, Calcutta 1923. E. Hultzsch: Inscriptions of Asoka, Oxford 1925. Jules Bloch: Les inscriptions d'Asoka, Paris 1950. 宇井伯寿「阿育王刻文」（『印哲研』四、昭和二年。のち『南伝大蔵経』六十五巻、昭和十六年）。

（2）＊『宗教と社会倫理』一四九—二八五頁。

（3）＊『インドとギリシアとの思想交流』一一五頁以下。

四　仏教信仰の普及

仏教はゴータマの死後、主として諸都市の王侯および商工業者の帰依を受けて、マガダを中心とする東部インドに伝播しつつあったが、アショーカ王の絶大な援助・保護を受けてから、全インドに普及した。

ゴータマはその在世中には真理を体得した人格（覚者）として尊崇せられ、死後にもかれの直弟子たちはその人格的感化に生きていたが、次第にゴータマ個人の記憶が薄れるにつれて、独特のブッダ観を成立せしめた。ゴータマの歴史性は次第に稀薄となり、そのすがたが次第に理想化され、特別の大偉人であり超人であると解せられた。[1]ブッダは当時のインド人一般が要望した理想的偉人の具すべき特徴（三十二相《さんじゅうにそう》・八十種好《はちじっしゅこう》）を具し、心には特にすぐれた不思議な力（十力《じゅうりき》・四無畏《しむい》・三念住《さんねんじゅう》・大悲《だいひ》の十八不共仏法《ふぐうぶっぽう》）を具えていると考えられた。現実の歴史的存在が神格化されたのである。

ブッダの偉大さが強調されるにつれて、かかる偉大な人格は単に今の世の修行だけによって完成されたものではなくて、過去の多数の生涯における久しい修行の力にもとづくものと考えられた。釈尊は過去世において非常な功徳を積み善行をなしたが故に、現世においてかかる超人的存在として出現したにちがいないというのである。そこで、釈尊の前世に託して多数の本生譚《ほんしょうたん》（Jātaka）が作製された（現存パーリ語聖典の中には五百四十七が存する）。本生譚は元来、中央インドのガンジス河流域に古くから民衆の間で行なわれていた教訓的寓話であったが、いまやそれを採用して釈尊の前世と結びつけ、釈尊は過去世にあるいは善王あるいは良臣・商人などとして、あるいは獣としてこれこれの善い行ないをしたと説くのである。本生譚は社会的感化が極めて大きく、一般民衆を仏教に帰依させ、道徳的・宗教的に心情を高める点に非常に貢献したものである。

仏教の興隆とともに、ブッダ或いは仏弟子・聖者等の遺骨・遺品に対する崇拝が盛んになり、それらを埋葬してある個所には壮大な塔（stūpa）が建立された。[2] 塔の周辺の門あるいは欄楯《らんじゅん》は多数の美麗細緻な彫刻をもって装飾された。ブッダガヤー（Buddhagayā）の遺跡、サーンチー（Sāñchī）の塔およびやや後世のバールフト（Bharhut, Bharaut）の塔は特に有名である。仏像崇拝は未だ起こらず、当時の多数の彫刻においても釈尊の像は未だ刻せられていない。塔の周辺の欄楯および石柱などは多数のビク・ビクニーおよび在家の信者が寄進したものである。かれらは寄進することによって父母・親族あるいは師匠の冥福を祈り、またみずからの功徳を積もうと願っていた。在家の寄進者の職業をみるに、商工業者ならびにその家族、続いては農村の資産家が圧倒的に多い。また婦人が多数あり、ほとんど男性に匹敵する。これに反して王族・武士および農民の寄進はほとんど見当たらない。[3]

（1）　*『ゴータマ・ブッダ（釈尊伝）』（法蔵館）、三〇六―三三七頁。
（2）　高田修『印度南海の仏教美術』（創芸社、昭和十八年）。

(3)*『インド古代史』上、六一九―六三一頁。

五　仏教教団の発展

仏教教団の発展につれて教団の組織が確定し、多数の戒律の個条が制定された。教理を記した経典は釈尊の説法の記録というかたちをとって部分的に少しずつ編纂されていた。経典を日常読誦することもすでに行なわれていた。

やがてアショーカ王の頃になると、教団は上座部《じょうざぶ》と大衆部《だいしゅぶ》との二つに分裂した。すなわち仏滅後百年の頃にヴァッジ(Vajji)族のビクが十事を主張し、そのために教団の内部に紛争が起こり、上座長老たちは会議を開いて十事を非法なりと決議したという。十事とは、ヴァッジ族のビクが従来の戒律の細かな規定を無視して十種の新しい主張をしたことをいう。その後上座長老たちはヴァイシャーリー(Vaiśālī)において七百人の会議を開き、聖典の結集《けつじゅう》を行なった。これに対して、この会議に承服しなかった進歩的改革派のビクたちはその後さらに一万の徒衆を集めて、かれら自身の結集を行なった。かれらは旧来の教団に対して独立を宣言して、大衆部(Mahāsaṅghika 摩訶《まか》僧祇《そうぎ》部《ぶ》)を樹立した。それに参加した人数が多かったので、この名称を得たのである。これに対して保守的な長老たちの一派を上座部(Theravāda)と称し、現在南方アジア諸国の仏教徒は上座部に属する。

教理に関しても種々の変化が認められる。その中で最も著しい変化は、理想的人格としてのブッダおよび理想的状態としてのニルヴァーナが、一般の修行者からは非常に隔たったものと考えられたことである。修行者がいかに努力精進しても、この世に生存している間は、完全なニルヴァーナの状態は体得され難い。したがって、この世に生存している間に得られるニルヴァーナ（有余依涅槃《うよえねはん》）は未だ完全なものではなくて、死後において始めて完全な、煩悩を滅ぼしつくした状態（無余依涅槃《むよえねはん》）に入り得ると考えるようになった。さらに、生存状態におけるニルヴァーナの境地といえども、なかなか到達しがたいから、そこに到達するまでの過程として多数の階梯を想定し、修行者は一々その階梯を経て、最後の目標すなわち阿羅漢（arhat）たる境地に到達する。かれは煩悩を滅ぼしつくしているが、ブッダとは異なるものと解せられた。また修行に関連して、克服すべき煩悩に関する考察も次第に詳細となり、禅定の種類も多く数えられている。

六　ジャイナ教の情勢

ジャイナ教はマウリヤ王朝時代にはむしろ保護を受けていたが、紀元前三〇〇年ころには後世いう白衣派（Śvetāmbara）と空衣派（裸形派 Digambara）との分裂の萌芽を生じた。伝説によると当時中央インドに大饑饉があったために、一部の教徒は一時南方インドに移り、そこで厳格な苦行を行じ、その後中央インドに帰った。ところが他方、中央インドに残留していた教徒は、恐らく困難な生活状態のゆえに、宗教上の規律を守り得ず、また聖典を完全に保持し得ない事情に陥った。そこでかれらは白衣を着用したりなどし、また新たに聖典を編纂した。これに対して南方から帰還した教徒は残留教徒の始めたことを否認した。そこで両者の間に分派・対立の萌芽が生じ、後に西紀一世紀の終わりには両派は明確に分離するに至った。白衣派の経典をアンガ（Aṅga）と称し、アルダ・マーガディー（Ardha-māgadhī）という俗語でしるされている。他方空衣派は古い聖典を失ったといい、現在では往昔の聖典の撮要書たる第二次的聖典の若干を有するのみである。

七　正統バラモンの教学整備

マウリヤ王朝の統一国家も、農山村における階級的区別を完全に打破することはできなかった。そこではバラモン教が依然として行なわれ、バラモンたちは農民の尊敬・帰依を受けつつ、依然として強い勢力をもっていた。

この王朝の時代あるいはその前後を含めての時代に、正統バラモンの間ではヴェーダ聖典の補助文献として多数のスートラがつくられた。正統バラモンのほうでいうスートラ（sūtra経）とは、極めて簡潔な文句で要点を表示した書である。スートラは太古の賢者の作製したものであり、聖伝書（smṛti）の一種であるとされている。ヴェーダと密接な関係のある経典としては次の四種が存する。

(一)　天啓経①(śrauta-sūtra)。これは天啓聖典(śruti)たるヴェーダに直接もとづいて作製されたものである。バラモンの行なう祭祀はブラーフマナ文献の中に規定されているが、ブラーフマナ文献はすべてほとんど組織なく冗漫で、混雑しているから、その内容を簡潔に要約して祭祀を行なうに便ならしめたものである。ヴェーダの各学派にあったが、現今は約十七種伝わっている。

(二)　家庭経(gṛhya-sūtra)。アーリヤ人は古くから家庭内の祭祀・儀礼を家長夫妻の手で行なっていたが、家庭経はかかる家庭内の祭祀を要約して述べたものである。その中には原始インド・ヨーロッパ人の風習の名残をとどめている点も存する。家庭経は現今約十七種②伝わっている。

(三)　律法経③(dharma-sūtra)。これはバラモン教の立場から四姓の権利・義務・生活期を規定したものであり、後世の法典(dharma-śāstra)の先駆をなすものである。現今約七種伝わっている。

(四)　祭壇経(śulva-sūtra)。これは祭場・祭壇・祭火の設置に関する規定を教えている書であり、インドにおける幾何学の発達上注目すべきものである。祭壇経は時には天啓経の一部となっていて、現今では約八種存する。

以上の四種の経典を総称して、祭事経(kalpa-sūtra)と呼ぶ。祭事学(kalpa)は音韻学(śikṣā)・韻律学(chandas)・天文学(jyotiṣa)・語源学(nirukta)・文法学(vyākaraṇa)と一群視されて、これらはヴェーダの六補助学(aṅga)と称せられる。

（1）辻「ブラーフマナとシュラウタ・スートラとの関係」（『東洋文庫論叢』三十三、昭和二十七年）。
（2）The Grihya-sūtras, tr. by H. Oldenberg and F. Max Müller (SBE. vols. XXIX; XXX).
（3）The Sacred Laws of the Āryas, tr. by G. Bühler (SBE. vols. II; XIV). 律法経の年代決定の一資料として*『初期のヴェーダーンタ哲学』四四九頁以下。律法としてのダルマの観念については*『インド思想の諸問題』一七七―二〇四頁。

八　ヒンドゥー教の出現

当時の民衆はいちおうヴェーダ聖典の権威を承認し、各自のいだく俗信・神観をヴェーダの宗教に連結せしめつつ、徐々に自分らの生活に即した新宗教を成立せしめた。それをヒンドゥー教[1]（Hinduism）という。その中にはアーリヤ文化の要素と原住民の信仰・習俗とが混合・融和している。[2]

当時すでにシヴァ（Śiva）神・ヴィシュヌ神およびクリシュナの崇拝も漸《ようや》く盛んになりつつあった。シヴァ神は狂暴にして恐ろしい神性をもつ山の住人である。必殺の強弓を手にし、虎皮を纏い、山野を荒らし廻り、熱病・咳毒を武器として人畜を襲う。神々もかれを恐れる。しかし、かれはまた幸福・吉祥（śiva）の神ともなり得る。人々はかれを怖れ、宥《なだ》めることによって恵みに与かろうとした。またかれは〈踊り手の王者〉(Naṭarāja) ともよばれ、かれが喜びにみちて踊るすがたを表現した魅惑的な彫像が後世に多数つくられるようになった。シヴァの妃パールヴァティー (Pārvatī「山の女神」の意) はヒマーラヤ山の娘とされているが、カーリー (Kālī) 女神ともよばれ、恐ろしい狂暴なすがたを現ずることがある。またシヴァの血から生まれたといわれるバイラヴァ (Bhairava「恐ろしいもの」の意) は、ネパールでは最も崇敬されている神である。

他方ヴィシュヌ (Viṣṇu) はもと太陽の光照作用を神格化した神であり、巨大な若人として表象されている。三歩を以て天・空・地の三界を濶歩し、始めの二歩は人間の視野のうちにあるが、第三歩は最高天にあり、そこでは諸神および祖霊が住して福楽を享受し、甘露の泉が湧くという。かれの妃ラクシュミー (Lakṣmī または Śrī) は美と富と幸運の女神として拝まれている (仏教にとり入れられて吉祥天女となった)。当時シヴァ信徒およびヴィシュヌ信徒はすでに独立の宗派を形成していた。

またクリシュナ (Kṛṣṇa) は想像を絶した怪力ある牧童であり、悪魔・悪人を退治する。かれが笛を吹いて牧女と楽しく戯れる場面は、インド人が特に愛好するものである。後世クリシュナはヴィシュヌの化身であると考えられた。

(1) 昔のサンスクリットおよびプラークリット文献には Hindu と Hindū と両語形が用いられているが、現在のヒンディー語では Hindū という。

（2） R. G. Bhandarkar: VS.; J. E. Carpenter: Theism in Medieval India, London 1926; C. Eliot: Hinduism and Buddhism, 3 vols.; Farquhar, passim; 井原徹山『印度教』（大東出版社、昭和十八年）、中村『ヒンドゥー教史』（山川出版社、一九七九年）。

九　古ウパニシャッド（中期）

当時正統バラモンの間では、引きつづき若干のウパニシャッド[1]が作製された（Kāṭhaka- or Kaṭha-, Śvetāśvatara-, Muṇḍaka-, Praśna-Upaniṣad）。それらの内容は大体において初期仏教以前の最古の諸ウパニシャッドの思想を発展せしめたものであるが、中期以後の諸ウパニシャッドの中には哲学的術語が割合に豊富に使われている。そのうちの或るものは、ヒンドゥー教の有神論的信仰の影響を受け、また後世のサーンキヤ哲学を思わせる思想および表現が認められる。

『カータカ・ウパニシャッド』においては、死神ヤマがバラモンの少年にアートマンに関する秘義を明かす。われわれの存在の奥底にひそむ絶対者アートマンを、内観によって認識せよといって、ヨーガの修行を教えている。

『シヴェーターシヴァタラ・ウパニシャッド』によると、唯一なる神が一切のものを支配している。絶対者は最高ブラフマン（paraṃ brahma）と称せられるが、それは支配者（preritṛ）

と経験の主体（bhoktṛ 個我）と経験の対象（bhogya 環境としての世界）の三者として現われている。個我は経験の対象たる諸事物に執着して業を造り、常に輪廻の中に沈んでいる。支配者は唯一神で、大主宰神（Maheśvara）とも呼ばれ、ルドラ（Rudra）ともシヴァとも名づけられ、幻力（māyā）によって全宇宙を創造するから、幻師（魔術使い）に譬えられる。ここには当時の民衆の間で行なわれていたシヴァ神崇拝がとり入れられ、それが最高者とみなされているのである。ところで人が純粋な心情を以てこの神に信愛（bhakti）を捧げ、専ら主宰神を念じてその本性を知るならば、主宰神の恩寵にあずかり、一切の束縛を脱し、解脱に到達するといい、内観的ヨーガ（adhyātmayoga）の実践を説いている。

なお『マハーナーラーヤナ・ウパニシャッド』（Mahānārāyaṇa-Upaniṣad）もかなり古く成立し、近年刊行された『チャーガレーヤ・ウパニシャッド』（Chāgaleya-Upaniṣad）は『カータカ・ウパニシャッド』と同時またはそれより少しく遅く、『バーシュカラマントラ・ウパニシャッド』（Bāṣkalamantra-Upaniṣad）は『シヴェーターシヴァタラ』より後のものであるが、『アールシェーヤ』（Ārṣeya）、『シャウナカ』（Śaunaka）の両ウパニシャッドもほぼこの時代あるいはその前後のものであろう。

（1）第二章五の㈠の註に挙げた参考書のほかに、J. N. Rawson: The Kaṭha Upaniṣad, London 1934. R. Hauschild: Die Śvetāśvatara-Upaniṣad, Leipzig 1927.

十 文法学の体系的樹立

この時代以後サンスクリットは発音も単語も文法もほとんど同一のものを守り続けていて、西紀四世紀以後にはその勢威はインド文化全体にわたって支配的となった。その巨大なサンスクリットの文化的勢力を維持・擁護したものは、バラモンの文法学者であった。

文法学[1]は元来、ヴェーダ聖典の解釈学から発展したものである。当時、文法学者はヴェーダの正解と維持とを目的としていると明言している。文法学者が多数輩出したが、パーニニ(Pāṇini 前三五〇年ころ)が最も有名であり、かれの著わした文典は、古典サンスクリットの規矩・標準となった。これに対してカーティヤーヤナ(Kātyāyana 前二五〇年ころ)が批評的に補修して『評釈書』(Vārttika)を著わし、それに対してさらに、パタンジャリ(Patañjali 前一五〇年ころ)が詳細な註釈を施して『大註解書』(Mahābhāṣya)を著わし、サンスクリット語はここに微細な点まで規定されるに至った。

かれらの著作は、主としてサンスクリット文法の細則に関するものであるが、その中には言語に関する哲学的考察も部分的に行なわれている。パーニニ以前の文法学者の間では、語(pada)の言い表わすものが個物であるとなす説と、類であるとなす説と両説が行なわれていたが、パーニニは語は個物を言い表わすこともあり、また類を言い表わすこともあると考えたとされている。また当時、語とは何であるか、ということが論議され、或る人々は、語とは音声にほかならないと主張したが、パタンジャリは「語の本体はスポータ（sphoṭa）と称する特殊な基体であり、それがわれわれの心の中に観念を起こさせる」と主張した。またパタンジャリは語とその意味との結合関係は永遠不変であり常住であると主張する。ここに語常住論の主張が成立した。バラモン文法学者たちは、ヴェーダ聖典のことばは、世人の用いることばの原型たるものであると考え、語常住論によってヴェーダ聖典の常住永遠性を根拠づけ、そうしてヴェーダ聖典の絶対の権威を確立しようと努めた。

（1）　O. Böhtlingk: Pāṇini's Grammatik, Leipzig 1887. L. Renou: La grammaire de Pāṇini, Paris 1948. Prabhatchandra Chakravarti: The Linguistic Speculations of the Hindus, Calcutta 1933. David Seyfort Ruegg: Contributions à l'histoire de la philosophie linguistique indienne, Paris 1959. M. Biardeau: Théorie de la connaissance et philosophie de la parole dans le Brahmanisme classique, The Hague 1964. *『ことばの形而上学』二二八頁以下、二五三頁以下。

第五章　統一国家崩壊後における諸宗教の変遷

一　統一国家の崩壊と異民族の侵入(1)

マウリヤ王朝はインド史上空前の大国家を建設したが、その中央集権化を徹底的に遂行することができなかった。官僚的な国家体制も政治の上部組織に関してのみ言い得ることにすぎない。その国家は経済的統制力が薄弱であった。王朝自体も貨幣を発行していたが、また各地方に別々の貨幣が流通していた。また仏教教団に多大の荘園を与えたことは、王朝の経済的基盤を薄弱ならしめた。また言語に関してもインド全体にわたる標準語または共通語は存在しなかった。アショーカ王の理想は当時の実情に対してあまり高遠にはせた傾きがある。マウリヤ王朝はアショーカ王の歿後次第に勢力を失墜しつつあったが、ついに前一八〇年ころに将軍プシヤミトラ（Pusyamitra）に滅ぼされ、それとともにインド全体はふたたび分裂状態に陥った。プシヤミトラ王はシュンガ（Śuṅga）王朝を創始したが、仏教を弾圧し、バラモン教の祭祀を復興した。しかし王室には仏教に帰依した人々もある。次のカーヌヴァ（Kāṇva）王朝（約前七五―三〇年ころ）もバラモン教的であったと考えられる。この両王朝はガンジス河流域を支配していたにとどまる。

西北インドにはギリシア人の諸王が相次いで侵入し、幾つかの王朝を成立せしめた。かれらの国家組織のうちにはギリシア的な体制が相当に取り入れられ、貨幣にはギリシア語とインドの俗語とを併用している。かれら諸王はギリシア的教養を身につけ、ギリシアの神々を信奉していたが、国王および官吏の中には仏教に帰依した人々もあった。かれら諸王の中で最も有力であったメナンドロス（Menandros）王（前一六〇年ころ）は、アーフガーニスターンから中部インドまでも支配したが、公けにはギリシアの神々を奉じつつも、内心では仏教を信じていたらしい。かれは仏教のナーガセーナ（Nāgasena）長老の教えを乞い、仏教教義に関する両人の対話が『ミリンダ王の問い』（Milindapañha 漢訳『那《な》先比《せんび》丘経《くきょう》』）として伝えられている。(2) またギリシア人の高官でヒンドゥー教のヴィシュヌ神に帰依していた者もある。かれがヴァースデーヴァ神に捧げた石柱が現存している。

ギリシア人につづいてサカ（Saka）族（塞種《そくしゅ》）が侵入した。サカ王朝の最初はマウエース（Mauēs 前一二〇年ころ）である。かれはみずから「諸王の王」と称した。そののちパルチア（Parthia 安息）族が侵入した。その王朝のアゼース（Azēs）王は前一七―一五年ころに西北インドを統治していた。サカ族およびパルチア族の諸王は公けにはギリシアの神々を信じ、ギリシア語を使用し、またインドの俗語を併用した。インド的観念に従って「法（dharma）をまもる国王」と称していた王が多い。なおパルチア王朝の Guduvhara（＝Gondopherēs）王はみずから「神に誓える者」と称したが、かれは聖トマスの教化によりキリスト教を信じていたという伝説がある。(3) 西紀五世紀には、南インドのコチンにネストリウス派の教会が建てられた。

他方、東南インドではカリンガ国のカーラヴェーラ (Khāravela) 王 (西紀前二世紀) が勢威四隣を圧し、転輪聖王《てんりんじょうおう》と呼ばれた。かれはすべての宗教を崇敬し、諸宗教の神殿を修理したが、かれの王朝は特にジャイナ教を保護した。なおそのほか全インドにわたって多数の小国が存在していた。

一般民衆の信仰(4)としては、聖樹崇拝・星辰崇拝・竜神崇拝などが盛んであったが、ことに井戸を掘り貯水池を築造することが宗教的功徳があるとして重要視された。(5) バラモン教は大体前の時代と同じで祭祀を中心とし、ヒンドゥー教諸神の崇拝も行なわれたが、特にこの時代には宗教的・哲学的な詩篇が多数作製され、叙事詩『マハーバーラタ』の中に収められている。しかし、当時社会の表面において華々しい活動を示したのは仏教であり、これに続いてはジャイナ教であった。諸宗教に通ずる一般的傾向としては有神論的傾向が顕著となった。

(1) 以下は*『インド古代史』下、*『インドとギリシアとの思想交流』による。なお山田竜城『大乗仏教成立論序説』(平楽寺書店、昭和三十四年)、参照。
(2) 参照し易い飜訳は、中村元・早島鏡正訳『ミリンダ王の問い』三巻(平凡社、東洋文庫)。
(3) キリスト教との関係についてはなお、R. Garbe: Indien und das Christentum, Tübingen 1914; Sten Konow:

Kharoshṭhī Inscriptions, Introd.; ERE. II, p. 548 f. 参照。

（4） 以下については、前掲ステン・コノウの書および、Heinrich Lüders: A List of Brāhmī Inscriptions from the Earliest Times to about A. D. 400 with the Exception of Those of Aśoka (Appendix to Epigraphia Indica, vol. X, 1912) に挙げられた諸資料による。

（5） 例えば、Kharoshṭhī Inscriptions, No. 23 参照。

二　仏教諸派の成立

この時代の仏教徒の崇拝の中心となっていたものは釈尊であるが、過去七仏の崇拝も行なわれた。舎利《しゃり》（śarīra 遺骨）の崇拝が非常に盛んであり、多数のストゥーパ（stūpa）が建造されたが、それとともに仏の足跡・菩提樹《ぼだいじゅ》・法輪《ほうりん》・夜叉《やしゃ》（yakṣa）なども崇拝の対象となった。当時の仏教はインドのあらゆる階級・職業にわたってのみならず、ギリシア人・サカ人などのうちにも信者を得ている。かれらは父母の冥福を祈る追善供養として、あるいは一切衆生に功徳を及ぼすために、ストゥーパや僧院（saṃghārāma 僧伽藍摩＝伽藍《がらん》）を建造し、種々のものを教団に寄進している。特にサカ族およびパルチア族の国内には、国家の安寧あるいは王侯一族の幸福を祈って寄進するという思想が現われている。(1)

当時の出家修行者は僧院に住む者が次第に多くなって来たが、僧院はいずれかの部派に所属していた。すでにアショーカ王時代に上座部《じょうざぶ》・大衆部《だいしゅぶ》の二派に分裂し、その後約百年の間に大衆部系統が細かに分裂し、次いでその後約百年の間に上座部系統が細かに分裂した。普通の伝説によると、十八の部派が新たに成立したと言い伝え、根本二部（上座部と大衆部）と枝末十八部とを合わせて「小乗二十部」と言い慣わしている。これらのうちでも上座部系統の説一切有部《せついっさいうぶ》・犢子部《とくしぶ》・正量部《しょうりょうぶ》・化地部《けじぶ》・経量部《きょうりょうぶ》は特に重要である。これら諸部派の分裂は前一〇〇年ころにはほぼ完了したらしい[2]。

各部派はそれぞれ自派の教説を権威づけ、正統説であることを証するために、各部派ごとにそれぞれの立場から従来の聖典を編纂しなおし集大成した。ここに経蔵と律蔵とが成立したのであるが、その内容は部派ごとに多少相違していた。ところで経典の内部には種々の教説が存し、それらの間に相違も存するし、また諸部派が互いに争ったために、釈尊の教説に対する反省究明が行なわれ、教説の説明註釈・整理分類・理解・諸説の間の矛盾の除去などの努力が為された。かかる考究の結果を記した論書をアビダルマ（abhidharma, abhidhamma 阿《あ》毘達磨《びだつま》、阿毘曇《あびどん》）と称し、その総体を論蔵（阿毘曇蔵《あびどんぞう》）と称する。諸部派の思想はこの論蔵の中に特に明瞭に現われている。経蔵と律蔵と論蔵とを総称して三蔵という。多くの諸部派はそれぞれ三蔵を所有していたようであるが、たいてい散佚《さんいつ》し、現在では主としてセイロン上座部の三蔵と説一切有部に属する論蔵とが多く伝えられている[3]。

仏教諸部派のうちで最も有力であったのは、説一切有部《せついっさいうぶ》（Sarvāstivādin）である。西紀前二世紀にカーティヤーヤニープトラ（Kātyāyaniputra 迦多衍尼子《かたえんにし》）が『阿毘達磨発智論《あびだつまほっちろん》』（異訳

『阿毘曇八犍度論《あびどんはっけんどろん》』）を著わし、これがこの派の根本典籍となった。説一切有部（略して有部《うぶ》）とは「一切が実有なりと説く部派」という意味で、「一切」とは一切の法、すなわち五蘊《ごうん》・十二処・十八界というようなそれぞれの見方における法の体系を意味している。(4) 有部によると一切の法が「実物としてある」(5)（dravyataḥ sat）（実有《じつう》）、或いは「自相上有る」(6)（svalakṣaṇataḥ sat）という（法有《ほうう》）。実有はもろもろの法に関してのみ言われ得ることであり、まず第一に「男・女・瓶・衣・車・軍隊・林・舎」など自然的存在すなわち仮有《けう》または施設有《せせつう》から区別され、第二に「長と短」「此と彼」のような相待有《そうだいう》から区別され、第三に「亀の毛・兎の角・石女《しゃくにょ》（うまずめ）の児」のように、自然的存在の領域にその実例を見出し得ない、矛盾を含んだ概念すなわち名有《みょうう》から区別され、第四に個人存在（pudgala 補特伽羅《ふとがら》、数取趣《さくしゅしゅ》）のごとき和合有《わごうう》から区別される。(7) 諸々の法は互いに他に依存せず、独立せる有を保っている。(8) それぞれの法はわれわれの意識の中に現われたり現われなかったりするが、法そのものは過去・現在・未来を通じて自己同一を保っている。この道理を「法体恒有《ほったいごうう》」(9)あるいは「三世実有《さんぜじっう》」(10)と称する。法の体系としては次のようなものが考えられた。

六境　色《しき》・声《しょう》・香《こう》・味《み》・触《そく》・法《ほう》
六根　眼《げん》・耳《に》・鼻《び》・舌《ぜっ》・身《しん》・意《い》　｝十二処
六識　眼識《げんしき》・耳識《にしき》・鼻識《びしき》・舌識《ぜっしき》・身識《しんしき》・意識《いしき》　｝十八界

また一切法を五位七十五法《ごいしちじゅうごほう》としてまとめることも行なわれた。

一　有為法《ういほう》（七十二）

㈠色法《しきほう》（十一）、㈡心法《しんぼう》（一）、㈢心所有《しんじょう》法《ほう》（四十六）、㈣心不相応行法《しんふそうおうぎょうほう》（十四）
二　無為法《むいほう》（三）　虚空無為《こくうむい》、択滅無為《ちゃくめつむい》、非択滅無為《ひちゃくめつむい》

有部は、自然世界は原子（*極微《ごくみ》）から構成されていると考えた。

経量部《きょうりょうぶ》（Sautrāntika 経部《きょうぶ》）は、経典のみを典拠とし、有部の所説を批判的に改め、色法のうちの四大のみと心との実有《じつう》を説き、心所有法、心不相応行法、および無為の実有を否認し、また現在実有・過未無体（現在のみが実在であり、過去と未来は存在しない）の説を唱えた。

説一切有部等の思想によると、衆生は煩悩（または惑）に促されて諸々の行為をなし、身《しん》・口《く》・意《い》の三業をつくり、その果報として苦を享受している（惑《わく》・業《ごう》・苦《く》の三道）。迷いの結果として現われている世界は、有情世間《うじょうせけん》（生けるもの）と器世間《きせけん》（物理的自然世界）とに分かれる。生存する者各自のすがたは各自の業のもたらしたものであるが、物理的自然世界もまた多数の生存者の過去の業が重なり積もった結果として作り出されたものである（共業所《ぐうごうしょ》感《かん》）と考えた。器世間は成《じょう》・住《じゅう》・壊《え》・空《くう》の四劫によって循環する。すなわち物理的自然世界は、成立し、存続し、破壊され、空無に帰するという四つの長い時期（劫《こう》 kalpa）を経過し、そののちまた空無の中から成立しまた四つの時期を経過し、この過程を無限に繰り返すというのである。

さてこの苦しみの生存から離脱するためには煩悩が起こらないようにしなければならない。諸々の煩悩のはたらきが起こるのは、諸々の法がはたらいて、その作用が現われている

からである。故に諸々の法のはたらきを静止させなければならないが、そのためには一切の欲望を制し、執着を離れ、戒律を守り、禅定《ぜんじょう》を修して、その上で諸々の法の自体を観じて諸々の法の真相に通達しなければならない。有部の学者は、法の真相を観ずる知慧には特殊なすぐれた力があると考えた。さて修行の究極の境地に達した人は阿羅漢（arhat「尊敬さるべき人」）と呼ばれるが、そこに到達するためには幾生涯にわたって修行を続けなければならぬ。その過程として多数の階梯が立てられた。

多くの部派では人格的主体（pudgala 補特伽羅）の実在を認めなかったが、しかし中心的主体のない輪廻なるものは常識的には極めて理解が困難である。[11] そこで若干の部派では、仏教の伝統的な無我説の立場を保持しつつも、何らかの中心的主体を想定するに至った。例えば経量部では五蘊の根本にあるものとして一味《いちみ》蘊《うん》を想定し、犢子《とくし》部《ぶ》はプドガラを輪廻の主体と考え、それは五蘊と同一でもなくまた別異でもないと定めた。

以上の上座部系統の思想に対して、大衆部系統では、仏の超人性・絶対性を強調し、菩薩《ぼさつ》の美徳を強調して『菩薩は有情を饒益《にょうやく》せんと欲するが為めに願って悪趣に生ず』といい、われわれの『心性《しんしょう》は本浄なり』と説き、『過去未来は是れ無、現在は是れ有なり』と主張した。これらはいずれも大乗仏教に至る過渡的思想形態である。[12]

（1）諸種の碑文による。（静谷正雄『インド仏教碑銘目録』、平楽寺書店、一九七九年）。
（2）部派分裂に関する資料としては、パーリ文の Kathāvatthu（佐藤密雄・佐藤良智訳『論事』、南伝大蔵

経第五十七・五十八巻。林五邦訳『カターヴットゥ』）と漢訳では『異部宗輪論』が重視さるべきであるが、後者については、国訳大蔵経第十三巻および小山憲栄『異部宗輪論述記発軔』が参考となる。歴史的な研究としては、N. Dutt: Early History of the Spread of Buddhism and Buddhist Schools, London 1925. M. Walleser: Die Sekten des alten Buddhismus, Heidelberg 1927. 渡辺楳雄『有部阿毘達磨論の研究』（平凡社、昭和二十九年）。

諸部派の思想については渡辺楳雄『上代印度仏教思想史』（宗教時報社、昭和二十三年）、『和辻哲郎全集』第五巻（昭和三十七年）、木村泰賢『小乗仏教思想論』（新版、大法輪閣、昭和四十三年）。特に説一切有部の思想に関しては、Otto Rosenberg: Die Probleme der Buddhistischen Philosophie, 1918, Deutsch. Heidelberg 1924. Th. Stcherbatsky: The Central Conception of Buddhism and the Meaning of the Word "dharma," London 1923（金岡秀友訳、シチェルバトスコイ『小乗仏教概論』理想社、昭和三十八年）。

（3）セイロン論蔵については第三章八の㈠（七二—七三頁）、参照。

（4）『倶舎論』第二十九巻、十五枚表、第二十巻、九枚表、『顕宗論』第二十六巻（大正蔵二十九巻、九〇一頁下）。Manorathapūraṇī (Geiger: Pāli Dhamma, S. 87); Mahāniddesa, p. 133.『大智度論』第一巻（大正蔵二十五巻、六一頁上）、『異部宗輪論述記発軔』巻下、十一枚表裏。

（5）Abhidharmakośavyākhyā, p. 524, *ll.* 29–30.

（6）cf. 前註（2）。Stcherbatsky: Central Conception, p. 26, n. 1.

（7）『大毘婆沙論』第九巻（大正蔵二十七巻、四二頁上—中）、『順正理論』第五十巻（大正蔵二十九巻、六二一頁下—六二二頁上）、『顕宗論』第二十六巻（大正蔵二十九巻、九〇〇頁下）。

（8）『倶舎論』第一巻、十三枚裏。なお『中論』十五・二、Madhyamakavṛtti, p. 453, *l.* 4 参照。

（9）svabhāvaḥ sarvadā cāsti, Abhidharmakośavyākhyā, p. 472, *l.* 25.

（10）「三世」はしばしば traiyadhvika (= sarve saṃskṛtā dharmāḥ) の訳語である。

(11) * The Kinetic Existence of an Individual (PhEW. I, No. 2, 1951).
(12) 『異部宗輪論』およびそれの異訳による。

三　ジャイナ教の民衆化

ジャイナ教はこの時代には中央および東南インドに盛んであった。教祖マハーヴィーラが信仰の対象となり、舎利《しゃり》崇拝が行なわれ、ストゥーパの崇拝が盛んであり、その近くに寺院が建てられた。在俗信者たちは、ストゥーパや寺院に種々のものを寄進した（祠堂・奉納堂・貯水池・給水所・遊園・柱・石板の額など）。それらの寄進には非常に功徳があると考えられた。教団には細かな系統の別が立てられた。

四　古ウパニシャッド（後期）

『マイトリ・ウパニシャッド』(Maitri-Upaniṣad, Maitrāyaṇa-Up. 西紀後約二〇〇年）は従前のウパニシャッドの諸思想を包容・継承するとともに新しい思想的発展を示している。厭世観から出発し、身体を不浄なるものと見なし、(1) 肉体と精神との関係を問題とする。アートマンは微細なもので、不可取・不可見であるが、その一部分（aṃśa）によってひとりでに身体の中

に入っている。それを人はプルシャとか〈身体を知るもの〉（kṣetrajña）と呼ぶ。[2] 純粋精神がいかにして物質と結合し得たかを、創造神話をかりて説明し、また内我（antaḥpuruṣa）と元素我（bhūtātman）と二種のアートマンを想定し、元素我をすてて真の我と融合することによって解脱が得られるという。それに至る方法としてのヨーガの修行をも規定している。

ウパニシャッドと称する文献はその後にも多数作成され、全部で〈一〇八ウパニシャッド〉として纏められることが多いが、実際は二百以上伝わっているという。後につくられたウパニシャッド（〈新ウパニシャッド〉といわれる）は年代不明であるが、ほぼ次の六種に分類される。(1)純ヴェーダーンタ的なウパニシャッド、(2)ヨーガを説くウパニシャッド、(3)遁世（遍歴）の行を説くウパニシャッド、(4)シヴァ神の崇拝を説くウパニシャッド、(5)性力派（Śākta）の影響のみられるウパニシャッド、(6)ヴィシュヌ神の崇拝を説くウパニシャッド。

（1）　I, 3–4; cf. III, 4.

（2）　以下の所論は順次に II, 4; II; III–IV; VI による。

五　叙事詩マハーバーラタの哲学思想

インドの二大叙事詩『マハーバーラタ』（Mahābhārata）と『ラーマーヤナ』（Rāmāyaṇa）と

はほぼ同時代に成立したが、特に哲学思想を説いているのは前者である。マハーバーラタ[1]とは「バラタ（Bharata）族の戦争を語る大史詩」という意味で、現形では十八篇十万頌の詩句より成り、また附録として『ハリヴァンシャ』（Harivaṃśa）約一万六千頌をもっている。この長詩の作者はヴィヤーサ（Vyāsa「編纂者」の意）と伝えられているが、実際は恐らく仏教興起よりも遥か以前に行なわれた大戦争に関する物語が語りつがれて、逐次修正増補せられ、西紀前二〇〇―後二〇〇年の間に大体成立し、四〇〇年ころには現形が確定したらしい。戦争譚を主軸としてその他多数の神話・伝説・物語を包含し、当時の法律・政治・経済・社会制度を窺知せしむべき無尽蔵の資料を有し、さらに当時の民間信仰・通俗哲学をも伝えている。

『マハーバーラタ』は元来民衆的性格をもったものであった。叙事詩の本筋に登場する主人公たちはすべて武士族であり、バラモンは単に介在的人物として現われているにすぎない。のみならずバラモンの優越性に対する反抗思想が認められる。例えばバラモンが叡智ある猟師から哲学および道徳に関する教示を受け[2]、また人の尊さは身分・儀式・学問によるのではなくて行ないの如何によると説かれ（XIII, 143, 50）、商売などの日常の生活行動のうちに絶対者ブラフマンの顕現を認むべきであるともいう（例えば「秤をたもつ者」Tuladhāra の物語、XII, 261-264）。またヒンドゥー女性の理想とされる貞女サーヴィトリー（Sāvitrī）の物語や夫妻の純愛をうたったナラ（Nala）王物語は、インド人の間で古来とくに愛誦されているものである。しかし他面では、現世否定的な厭世主義ならびに消極的な無活動を尊ぶ隠遁主義も

説かれ、後代に成立した部分ほどバラモン尊重の態度を強く示している。また、そこには原住民の粗野な信仰や俗信も反映している。

叙事詩の神話(3)では梵天（Brahmā）、ヴィシュヌ、シヴァの三大神がとくに崇拝され、互いに最高神としての位置を競った。世界の各方角を守護する神として八つの世界守護神（lokapāla）が立てられ、新たに軍神スカンダ（Skanda 韋駄天《いだてん》）、愛神カーマ（Kāma）などが現われた。聖仙に関する神話も重要である。

哲学説を説いているのは、Sanatsujātīya-parvan（V, 40–45）, Bhagavad-gītā（VI, 25–42）, Mokṣadharma（XII, 174–367）, Anugītā（XIV, 16–51）(4)などであるが、そこには後世のサーンキヤ哲学の前段階と目すべき多くの説が所々に説かれている。

（1）池田澄達『マハーバラタとラーマーヤナ』（日本評論社、昭和十九年）。Holtzmann: Das Mahābhārata, 4 Bände, Kiel 1892–95. ERE. VIII, pp. 325 f.; W. I, p. 311 f.

（2）III, 216, 14. 池田「摩訶婆羅多に於ける仏教の影響歟」（仏誕二千五百年記念学会編『仏教学の諸問題』四八九—五四七頁）、参照。

（3）*「神話と伝説」（辻直四郎編『印度』偕成社、昭和十八年、二五三頁以下）。

（4）Vier philosophische Texte des Mahâbhâratam, übersetzt von P. Deussen und O. Strauss, Leipzig 1906. The Bhagavadgîtâ, with the Sanatsujātīya, and the Anugītā, tr. by K. T. Telang (SBE. vol. VIII). Cf. W. Hopkins: The Great Epic of India, New York 1901. J. Dahlmann: Die Sāṃkhya-Philosophie als Naturlehre und Erlösungslehre, Berlin 1902. J. W. Hauer: Die Anfänge der Yogapraxis im alten Indien, Stuttgart 1922.

六　バガヴァッド・ギーターにおける信愛の教説

『バガヴァッド・ギーター』(Bhagavad-gītā 略してギーター)は『マハーバーラタ』の中に編入されている一詩篇であり、七百頌より成るが、後代のヒンドゥー教徒はこれを最上の聖典として尊崇している。もしも、〈インド精神〉を表現するただ一冊の書を挙げよ、と言われるならば、それは『バガヴァッド・ギーター』であるといわれる。その原型は西紀前二世紀ころに成立し、現形にまとめられたのは西紀後であり、のちに『マハーバーラタ』の中に編入されたと考えられている。

『マハーバーラタ』の主題とされているバラタ(Bharata)族の戦争はクル(Kuru)国の百人の王子とパーンドゥ王(Pāṇḍu)の五王子との間に行なわれたものである。かれらは互いに従兄弟の間柄であるが、勢の趨くところ遂に戦場に相見え、死闘を交すこととなった。いまや大会戦が開始されようとするとき、パーンドゥの一王子であるアルジュナ(Arjuna)は骨肉相食むこの浅ましい運命を嘆き悲しみ、自分の乗車の御者クリシュナ(Kṛṣṇa、実は最高神ヴィシュヌの権化)に向かって悶々の情を訴える。『戦に於いてみずからの親族を殺して何の善をか望み得よう』(一・三一)、『ああ、王権・福楽の私欲のためにわが一族を滅ぼそうと努めるのは、すなわち大罪悪を犯そうと決心したことではないか』(一・四五)。アルジュナ

の煩悶するありさまを見て、クリシュナは怯むアルジュナを激励して、何らの躊躇なしに即刻戦場に赴くべきであると告げる。かれは教えていう。――この戦は「正義の戦争」(dharmyam yuddham) である。正義の戦に身を捨てることは武士の本望である。戦闘を避けてはならぬ。『汝自身の本務のみを見よ。決して戦慄することなかれ。何となれば武士族にとっては、正義の戦よりも善きものは存在しないからである』(二・三一)。苟《いやしく》も武士たるものは、死力を尽くして戦うということのうちにその本務 (svadharma) が存する。義務を果たすためには一切を放擲《ほうてき》しなければならない。かかる義務観においては、必然に自己の本務を果たすことが中心問題なのであり、事の成否は敢て問題としない。『汝の専心すべきことはただ行動のうちに在り、決して結果のうちに在らず。行動の結果に左右せらるることなかれ』(二・四七)。義務のために義務を尽くすべきであるという思想がここに明確に表示されているのである。

アルジュナはクリシュナのこの語を聞いて、この戦の意義を理解したのであるが、しかしかれの胸中にはなお陰翳が残っていて、心の煩悶が除かれない。そこでクリシュナはアルジュナに対して次に最高の人格神ヴィシュヌの信仰による救済を明かす。

この書においてはヴィシュヌ神はブラフマンおよび最高我[1]と同一視されているが、それ自体は不生・無始・不壊であり、世界の大主宰神であって、クリシュナはその権化[2]である。ヴィシュヌ神は全世界を創造するとともにまた帰滅せしめる根本原質 (prakṛti) であり、万有の生起・存続・帰滅をつかさどる[3]。現に万有の監視者・支配者として活動し、一切の生類の

心臓の中に存在し、その霊力（māyā）によって、一切の生類を、あたかも廻転機に載せたかのごとくに廻転せしめる。[4] 個々の個我（jīva）は最高我から現われ出たものであり、最高神の一部分（aṃśa）である。[5] 最高神は「最上の人」として人格的に表象されている。[6] かれは一切の生類に対して恩寵をたれ救済を行なうから、この最高神に対して熱烈な信仰（bhakti 信愛）をいだくべきことを強調している。[7]『もし人が信愛を以て一葉・一花・一果もしくは一掬《いっきく》の水をわれに供することあらば、敬虔なる心ある人の信仰心もて供したるものを、われは受納すべし』（九・二六）。『われは一切の生類に対して平等なり。われに憎むべきものなく、また愛すべきものなし。されど信仰心（bhakti）を以てわれを拝するものあらば、かれらはわれの中に在り、またわれもかれらの中に在り』（九・二九）。最高神の前においては一切が恕《ゆる》される。『ひとえにわれに帰依すべし。われ汝を一切の罪悪より解脱せしむべし。汝憂うることなかれ』（一八・六六）。この神は善人を救済せんがために、また悪人を絶滅させるために、それぞれの時期に権化のかたちをとって出生するが、[8] かれに信仰帰依するならば、悪人といえども救われる。[9] ひとが熱烈な信愛によって最高神の恩寵にあずかり、最高神の本性を知るならば、輪廻の世界を脱する。解脱した者は最高神と本質を等しくするに至る（一四・二）。

かかる教えを聞いてアルジュナ王子は『わが覚悟は定まった。疑惑はすでに去った』といって、心の不安を去って欣然《きんぜん》として戦場に出陣し、偉功を立てたという。

この書のうちには種々の教えが説かれていて要約しがたいが、ともかく最高神の恩寵によ

って、四姓のすべてが救われ得ると説いている[10]。

(1) 一五、一七。
(2) 一〇・三、一五・一七。
(3) 七・六、一〇・八、九・七、八、一〇。
(4) 一八・六一。
(5) 一五・七。
(6) 一五・一七。
(7) 一一・五五など。
(8) 四・八。
(9) 九・三〇。
(10)〔飜訳〕P. Deussen und O. Strauss: op. cit. K. T. Telang, SBE. vol. VIII. R. Garbe: Die Bhagavadgītā, 2. Aufl., Leipzig 1921. L. D. Barnett: The Lord's Song (Temple Classics). The Bhagavad Gītā, tr. by F. Edgerton, 2 vols. 1944 (HOS. vols. 38, 39). The Bhagavad Gītā, tr. by Swami Nikhilananda, New York 1944. The Bhagavadgītā, tr. by S. Radhakrishnan, London 1948. 高楠順次郎『印度古聖歌』(『世界聖典全集』前輯六、改造社、昭和二年)。なお、辻直四郎『バガヴァッド・ギーター』(刀江書院、昭和二十五年)。

第六章　クシャーナ帝国時代における新思想

第一節　時代の趨勢

一　クシャーナ帝国時代

クシャーナ[1]（Kuṣāṇa 貴霜）族は月氏族の一種である。月氏は、元来は中央アジアの遊牧民であったが、西紀二五年ころにクシャーナ族の族長クジューラ・カドフィセース（Kujūla Kadphisēs 丘就郤）が月氏の他の四つの部族を支配し、六〇年ころより後に西北インドを攻略した。かれの子ウェーマ・カドフィセース（Wema Kadphisēs 閻膏珍）はその帝国を拡大した。その後カニシカ王（Kaniṣka 迦膩色迦、約一二九—一五二年在位）がインドに侵入し、北方インド全体を支配したのみならず、その勢力は中央アジア・イランにまで及び、アショーカ王以来の一大帝国が建設された。かれの王朝は約三世紀中葉まで続いた。

この帝国はその領土が広大であったのみならず、シナ・ローマとも政治的・経済的・文化的交渉があり、また領土内の西北地方に残存したギリシア文化の影響を受けていたために、東西の文化を包容・融合し、種々なる系統の文化的要素を併在せしめている〔例えば、クシャーナ帝国の王は帝王の称号として sāhi, muroḍa, mahārāja, rājatirāja, devaputra（＝天子）, kaisara などと称したが、これらはそれぞれ月氏・サカ族・インド・イラン・シナ・ローマに由来する〕。経済的方面ではウェーマ・カドフィセースの経済政策の成功が統一国家形成を可能ならしめたらしい。金貨が新たに大規模に鋳造されたが、それはローマの金が大量にインドに流入したことに起因すると考えられる。かれの時代にローマの貨幣の基準単位がインドにも採用されたが、クシャーナ帝国の財力はローマとの貿易によって蓄積されたことも大きかったらしい(2)。クシャーナ族の生活様式は中央アジア的なものを多く保持しているとともに、ギリシア的な要素をも伝え、土着するにつれてインド古来の習慣・風俗に同化して行った。

かかる融合的・包容的傾向は宗教の方面においても顕著である。例えばカニシカ王の貨幣にはギリシアの神々、ゾロアスター教・ヒンドゥー教の神々が刻せられている。ブッダの像を刻したものも極めて僅か存する。クシャーナ諸王は種々の宗教を認めていた。ただクシャーナ諸王がみずから神的称号を用いたことは注目すべきである。

この時代には対外交渉が活潑であったために新たな学術が興隆し始めた。ギリシア・ローマの天文学の影響を受けて、インド古来の天文学が変化して新たな天文学が成立した。医学も進歩して外科・内科などの部門別もすでに成立し、チャラカ（Caraka 二世紀に活躍）のような名医を輩出せしめた。論理学も当時の知識人の間では次第に常識となりつつあった。芸術の方面ではガンダーラ（Gandhāra）地方にギリシア彫刻の影響を受けた一種の仏教美術を出現せしめた。

他方、南インドにおいてはアンドラ（Andhra = Sātavāhana）王朝が特に有力であった。この王朝は純粋にインド的な帝国を建設し、バラモン教を国教となし、バラモンを保護した。

故に当時のインドはクシャーナ帝国を中心とする北方インドとアンドラ帝国を中心とする南方インドとに二分して考えられるが、南方インド諸国は純インド的であり、従来のインドとさほど異なった特徴を示していない。しかるにクシャーナ帝国は多くの異質的な要素をとり入れて新たな文化を成立せしめたから、この時代を便宜上クシャーナ帝国時代と呼ぶことにする。クシャーナ帝国もアンドラ帝国もその内部に多数の小藩侯国が存在し、それらが多くの身分的区別にもとづいて構成され、一般に社会的地位・身分は世襲であった。そうしてかかる社会制度を確立するために諸種の法典が編纂せられ、それが正当化された。

（1）＊『インド古代史』下。なお静谷訳編『ブラーフミー文字インド仏教銘文』（京都、昭和二十八年）。

（2）当時のローマとの関係を示す興味深い一資料として、村川堅太郎訳『エリュトゥラー海案内記』（昭和二十一年）を挙げておこう。

二　法典における階位的秩序論

当時の社会変動に応じて、かつての氏族制社会における秩序維持の基準となっていた律法経（ダルマ・スートラ）が新たに拡大改編せられて、『マヌ法典』[1]（西紀前二〇〇—後二〇〇年）などの大法典が作成された。

四姓の制度は当然のこととして前提され、バラモンは最上のものとされている。『この世界に存するものは何物であろうともみなバラモンたちの財産である』（一・一〇〇）。バラモンがいかなる犯罪を行なっても決して死刑に処せられることはなく、単に追放されるだけであるが、これに反してバラモンを脅迫しただけでも、その人は百年のあいだ地獄に落ちる。またかれらは、カーストに応じて特権を異にする。それぞれ自分のカースト出身の妻を含めて、バラモンは四人の妻を、王族は三人の妻を、庶民は二人の妻をもつことが許されるが、シュードラは同じカースト出身の一人の妻しか許されない。またカーストごとに利息の率が異なっている。金貸業者は毎月八〇分ノ一、すなわち一・二五パーセントの利息をとってよいが、無担保貸付については、バラモンからは毎月二パーセント、王族からは三パーセント、庶民からは四パーセント、シュードラからは五パーセントを取り立ててもよいという。

婦女の地位は従前のインドに比べてむしろ低下している。『女子は何ごとをも独立になし

てはならない。幼年時には父に従属すべきである。若いときには夫に、夫の死後は子らに従属すべきである。』（五・一四七以下）

従前の律法経によると国家は国王の私有物のように見なされ、両者は判然と区別されていなかった。しかしこの時代に成立した法典[2]においては、国家[3]はいちおう国王とは異なるものとして考えられ、『主権者と大臣と首都と領土と府庫と軍隊と同盟者とが〔国家の〕七種の構成要素である』という[4]。国王は国王としてのつとめ（王法）を実現するように努めなければならないが、それは、バラモン教で説くところの社会秩序をまもることにほかならない。

当時の国家においては、主権者たる国王の権力は非常に巨大なものとなった。当時の諸法典には、国王は恐ろしいもの・怖るべきものとして説かれ、国王の尊厳を強調している。そうして国王の専制的行動を権威づけ正当化するためには、専制君主の神聖視・神秘化を行なう必要があった。国王は神々に譬えられた。国王は一々の神の神性をその行動のうちに具現すべきである。国王の一々の政治活動の中にはいずれかの神が乗り移っている。国王は八つの世界守護神の化身であるとも説かれた[5]。さて国王が神的な存在であると考えられると、国王の神聖性・不可侵性が繰り返し強調される。国王は即位するや否や神聖となり得て、汚れに染まることがない。何となれば国王は人民の生活上の不安を除去するために最高神によって造られたものだからであるという。

（1）　Georg Bühler: The Laws of Manu (SBE. XXV), 1886. 中野義照訳註『マヌ法典』（高野山大学内、日本印

度学会、昭和二十六年）、田辺繁子訳『マヌの法典』（岩波文庫、昭和二十八年）。

（2） J. Jolly: Recht und Sitte, Strassburg 1896. P. V. Kane: History of Dharmaśāstra, 4 vols., Poona 1930–1953. 法典の思想の要約として HPhEW. p. 107 f.

（3） 以下については*『宗教と社会倫理』二八六頁以下参照。

（4） Manu IX, 294, cf. Viṣṇu III, 32. ただし Yājñavalkya III, 387; Kauṭilya § 96では首都の代わりに要塞、領土の代わりに人民を充ててやはり七種を数えている。

（5） Manu V, 96.

第二節　仏　教

一　伝統的仏教諸派の社会的勢威

仏教の伝説によるとカニシカ王は仏教に帰依し保護したというが、クシャーナ王朝の諸王は仏教をインドの一つの宗教として認め援助していたにとどまる。また南方インド諸王朝の王室の人々、高官たちは仏教に熱心に帰依し保護したけれども、公けに奉じていたものはバラモン教である。故に仏教は国教的な地位を占めていたのではないけれども、しかしそれに準ずるものとして絶大の勢力をもっていた。当時の藩侯・資産者・商工業者ならびにその組合の支持を受けたが、特に西海岸地方の海外貿易商の中には、経済的に積極的に仏教教団を支援した人々も少なくない（その中にはギリシア人・サカ人の信徒もかなり多く含まれている。またバラモンが仏教に帰依した例もある）[1]。かれらが寄進して西インドの荘麗巨大な窟院をつくったのである。

ところで、このように社会的勢力を有していた仏教教団は主として上座部系統のものであり、また大衆部系統のものもあるが、いずれも伝統的・保守的仏教（いわゆる小乗仏教）に属するものである[2]。信徒は教団に種々のものを寄進したが、それらは大体前の時代と同様である（寺院・窟院・ストゥーパ・仏舎利堂・講堂・食堂・仏菩薩の像その他の彫刻・貯水池・井戸・石柱・欄楯など）。寄進の目的も前の時代と同様である[3]。当時の有力者のうちには、自分の資力によって寺院を建立し、それに寄進者の名を冠し[4]、「自己の寺院」と呼んでいたものもあった[5]。これらの寺院には広大な土地（耕地・山林あるいは村全体）および莫大な金銭が寄進され、これらの土地はあらゆる種類の税金を免除され、王の官吏といえども侵入・干渉することができなかった。耕地の収穫の半分は教団の所有となり[6]、教団のビクの食糧はその中から得られた。また、寄進された現金は永代の費用として組合に委託投資され、それによって生ずる利息が教団の諸般の費用に充当された。また個人として多大の財産を所有するビクも現われた[7]。

当時の伝統的・保守的仏教諸派のビクは、かかる社会的地盤の上に立って、教理に関する煩瑣な研究に従事した。カニシカ王は説一切有部を保護し、その寺院を建てた。有部においては多数のアビダルマ論書が作製されたが、『阿毘達磨発智論《あびだつまほっちろん》』に対する註釈書である『阿《あ》毘《び》達磨《だつま》大毘婆沙論《だいびばしゃろん》』二百巻はかかる研究成果の集成書として代表的なものである。

その後、教義綱要書が多く作られた。尸陀槃尼《しだはんに》（Śītapāṇi）の『鞞婆沙論《びばしゃろん》』、法勝《ほうしょう》（Dharmaśreṣṭhin 三世紀始め）の『阿毘曇心論《あびどんしんろん》』のごときがそれであり、後者に対する解釈として優波扇多《うばせんた》（Upaśānta）の『阿毘曇心論経《あびどんしんろんきょう》』、法救《ほっく》（Dharmatrāta 四世紀中葉）の『雑阿毘曇心論《ぞうあびどんしんろん》』などが現われた。[8]

当時北方および西方インドにおいては、バラモン教の興隆に対応して、ようやくサンスクリットの使用が盛んとなり、サンスクリットを使用した仏教詩人が現われた。最も有名なのはアシヴァゴーシャ（Aśvaghoṣa 馬鳴《めみょう》、二世紀）であるが、かれは荘麗なカーヴィヤ（Kāvya）調を以て『仏所行讃《ぶっしょぎょうさん》』[9]（Buddhacarita）・『端麗なるナンダ』（Saundarananda）などの作品を著わし、つづいてマートリチェータ（Mātṛceta 二世紀）が仏の徳を讃嘆した若干の讃頌《さんじゅ》（stotra）を著わした。[10] しかし当時の仏教徒一般の間では依然として俗語（Prakrit）が有力であった。

（1） Kudā Inscriptions, No. 13.
（2） 当時の碑文・銘文によると、上座部系統としては、説一切有部・法上部・賢冑部・化地部・飲光部・正量部が、大衆部系統としては多聞部が挙げられている。静谷正雄『小乗仏教史の研究』（百華苑、昭和五十三年）。
（3） 第四章四（九三頁）、第五章二（一〇八頁）、参照。

（4）　Sten Konow: Kharoshṭhī Inscriptions, No. 86.
（5）　H. Lüders: List, No. 1392.
（6）　Kaṇheri Inscriptions, No. 15.
（7）　仏典からみた教団の経済状態については、*『宗教と社会倫理』六〇頁以下、友松円諦『仏教経済思想研究』（昭和七年）、参照。
（8）　木村泰賢『阿毘達磨論の研究』（新版、大法輪閣、昭和四十三年）、木村泰賢『小乗仏教思想論』（同上）、渡辺楳雄『有部阿毘達磨論の研究』（平凡社、昭和二十九年）。
（9）　Tr. by E. B. Cowell (SBE. vol. XLIX), The Fo-sho-king-tsan-king, tr. by S. Beal (SBE. vol. XIX). 平等通昭『梵詩邦訳　仏陀の生涯』（昭和四年）。cf. W. II, p. 258 f. cf. Sir Edwin Arnold: The Light of Asia.
（10）　中村元編*『仏典Ｉ』（筑摩書房、昭和四十一年）、三二五頁以下。

二　大乗仏教の興起

(一)興起の事情

当時の仏教界においては伝統的・保守的仏教が圧倒的に優勢な社会的勢力をもっていたが、一般民衆ならびにその指導者であった説教師の間では新たな宗教運動が起こりつつあった。それがいわゆる大乗《だいじょう》仏教(1)（Mahāyāna）である。これに対して旧来の伝統的・保守的仏教は一般に小乗《しょうじょう》仏教（Hīnayāna）と呼ばれているが、それは大乗仏教の側から投げつけた貶称であって、旧来の仏教諸派はそのようには称していない。旧来の諸派は自ら仏教の正統派を以て任じ、大乗仏教を無視していた。まず第一に、旧来の諸派は、たとい変容されていたとしても、歴史的人物としてのゴータマの直接の教示に近い聖典を伝えて、伝統的な教理をほぼ忠実に保存している。これに反して大乗仏教徒は全然あらたに経典を創作した。そこに現われる釈尊は、歴史的人物というよりもむしろ理想的存在として描かれている。第二に旧来の仏教諸派は国王・藩侯・富豪等の政治的・経済的援助を受け、広大な荘園を所有し、その社会的基盤の上に存立していた。ところがこれに反して大乗仏教は、少なくとも初期の間は、民衆の間からもり上がった宗教運動であり、荘園を所有していなかった。そうして「国王・大臣に近づくなかれ」といって権力者に阿諛《あゆ》することを誡め、その信仰の純粋にして清きことを誇りとした。また富者が寺塔を建立し莫大な富を布施することは非常に功徳の多いことであるが、しかし経典を読誦書写《どくじゅしょしゃ》し信受することのほうが、比較にならぬほどはるかに功徳が多いといって、経典の読誦を勧めている。

正統的仏教諸派は以上のような社会的勢力を有し、莫大な財産に依拠し、ひとり自ら身を高く持し、自ら身を潔しとしていたために、その態度はいきおい独善的・高踏的であった。かれらは人里離れた地域にある巨大な僧院の内部に居住し、静かに瞑想し、坐禅を修し、煩瑣な教理研究に従事していた。

大乗仏教はかれらのかかる生活態度をいたく攻撃した。かれらの態度は利己的・独善的であるといって蔑視し、かれらに「小乗」という貶称を与え、自らは利他行を強調した。大乗仏教では慈悲の精神に立脚して、生きとし生ける者すべてを苦から救うことを希望する。自分が彼岸の世界に達する前に、先ず他人を救わなければならぬ（自未度先度他《じみどせんどた》）。かかる利他行を実践する人を菩薩《ぼさつ》（bodhisattva 大士《だいし》・開士《かいじ》）と称する。出家したビクでも、在家の国王・商人・職人などでも、衆生済度《しゅじょうさいど》の誓願（悲願）を立てて、それを実践する人はみな菩薩である。

ところで、かかる慈悲(2)にもとづく菩薩行は、理想としては何人も行なわねばならぬものであるが、一般の凡夫にはなかなか実践し難いことである。そこで諸仏・諸菩薩に帰依し、その力によって救われ、その力に与かって実践を行なうことを説く。したがって信仰の純粋なるべきことを強調し、信仰の対象としては、ブッダはますます超人的なものとして表象された。大乗仏教においては、三世十方にわたって無数に多くの諸仏の出世および存在を明すに至った。諸仏の中でも特に阿閦仏《あしゅくぶつ》（Akṣobhya）・阿弥陀仏《あみだぶつ》・薬師《やくし》如来（Bhaiṣajya-guru）などが特に熱烈な信仰を受けた。また、菩薩も超人化されて、その救済力が強調された。弥勒《みろく》菩薩（Maitreya）・観世音《かんぜおん》菩薩（Avalokiteśvara）・文殊《もんじゅ》菩薩（Mañjuśrī）・普賢《ふげん》菩薩（Samantabhadra）などは特に著しいものである。かれらは衆生を救うためには種々なる身を現じてこの世に生まれて来る。そうして衆生に対する慈悲のゆえに自らはニルヴァーナに入ることもない。

諸仏・菩薩に対する信仰が高まるにつれて、それらの身体を具体的なかたちに表現してそれを崇拝したいという熱望が起こり、多数の仏像および菩薩像が作製された。中央インドのマトゥラー（Mathurā）市と西北インドのガンダーラ（Gandhāra）地方とが仏像製作の中心地であった。前者はアショーカ王以来のインド国粋美術の伝統に従っているが、後者にはギリシア美術の影響がいちじるしい(3)。

大乗仏教の教化方法は、当時の民衆の精神的素質あるいは傾向に適合するようなしかたにたよらねばならなかった。そこで仏・菩薩を信仰し帰依するならば、多くの富や幸福が得られ、無病息災となると説いている。特に注目すべきこととしては、教化の重要な一手段として咒句（dhāraṇī 陀羅尼《だらに》・*総持《そうじ》）を用いた。かかる教化方策は非常な成功を収めた。しかし同時に大乗仏教がのちに堕落するに至った遠因をここにはらんでいるのである。

初期の大乗仏教徒は未だ整った教団の組織を確定していなかったし、細密な哲学的論究を好まなかった。むしろ自分らの確固たる信念とたぎりあふれる信仰とを華麗巨大な表現をもって息もつかずに次から次へと表明し、その結果成立したものが大乗経典である。大乗経典は、それ以前に民衆の間で愛好されていた仏教説話に準拠し、あるいは仏伝から取材し、戯曲的構想をとりながら、その奥に深い哲学的意義を寓せしめ、しかも一般民衆の好みに合うように作製された宗教的文芸作品である。

（1） Poussin, ERE. VIII, pp. 330–336; W. II, p. 294 f.; 椎尾弁匡『仏教経典概説』（甲子社、昭和八年）、木村泰賢『大乗仏教思想論』（新版、大法輪閣、昭和四十二年）、宮本正尊編『大乗仏教の成立史的研究』（三省堂、昭和二十九年）、大野法道『大乗戒経の研究』（理想社、昭和二十九年）。

（2） *『慈悲』（平楽寺書店、昭和三十一年）。

（3）　高田修『仏像の起源』（岩波書店、昭和四十二年）。

(二)般若経典における空観

空観《くうがん》とは、一切諸法（あらゆる事物）が空であり、それぞれのものが固定的な実体を有しない、と観ずる思想である。すでに原始仏教において、世間は空であると説かれていたが[1]、般若《はんにゃ》経典ではその思想を受けてさらに発展せしめ、大乗仏教の基本的教説とした。般若経典[2]としては『大般若波羅蜜多経《だいはんにゃはらみたきょう》』（六百巻、玄奘《げんじょう》訳）は一大集成書であるが、『般若心経《はんにゃしんぎょう》』『金《こん》剛般若経《ごうはんにゃきょう》』『理趣経《りしゅきょう》』などは特に有名である。

当時、説一切有部等のいわゆる小乗諸派が法の実有を唱えていたのに対して、それを攻撃するために特に否定的にひびく〈空〉という語を般若経典は繰り返し用いたのであろう。それによると、われわれは固定的な「法」という観念を懐いてはならない[3]。一切諸法は空である。何となれば、一切諸法は他の法に条件づけられて成立しているものであるから、固定的・実体的な本性を有しないものであり、「無自性《むじしょう》」であるが、本体をもたないものは空であると言わねばならぬからである。そうして、諸法が空であるならば、本来空であるはずの煩悩などを断滅するということも、真実には存在しないことである[4]。かかる理法を体得することが無上正等覚《むじょうしょうとうかく》（さとり）である。そのほかに何らかの無上正等覚という別なものは存在しない。

実践はかかる空観に基礎づけられたものでなければならない（『応無《おうむ》所住而生其心《しょじゅうにしょうごしん》』）。菩薩は無量無数無辺の衆生を済度するが、しかし自分が衆生を済度するのだ、と思ったならば、それは真実の菩薩ではない。かれにとっては、救う者も空であり、救われる衆生も空であり、救われて到達する境地も空である。また身相を以て仏を見てはならない。あらゆる相はみな虚妄であり、諸々の相は相に非ず、と見るならば、すなわち如来を見る。かかる如来には所説の教えがない。教えは筏《いかだ》のようなものである。衆生を導くという目的を達したならば捨て去られる。かかる実践的認識を知慧の完成（Prajñāpāramitā 般若波羅蜜多《はんにゃはらみた》）と称し、与える（布施《ふせ》）・いましめをまもる（持戒《じかい》）・たえしのぶ（忍辱《にんにく》）・つとめはげむ（精進《しょうじん》）・静かに瞑想する（禅定《ぜんじょう》）という五つの完成と併せて〈六つの完成〉（六度《ろくど》、六波羅蜜多《ろくはらみた》）と称する。

（1）Sn. 1119, etc.
（2）現代語訳ならびに漢文の書き下しとしては、中村元・紀野一義『般若心経・金剛般若経』（岩波文庫、昭和三十五年）。西義雄『初期大乗仏教の研究』（大東出版社、昭和二十年）、参照。
（3）『金剛経』六節。
（4）『金剛経』二十七節。

㈢在家仏教運動(1)

空観からの論理必然的な結論として、輪廻とニルヴァーナとはそれ自体としては何ら異ならぬものである、と教えられた。しからばわれわれの現実の日常生活がそのまま理想的境地として現わし出されねばならぬ。理想の境界はわれわれの迷いの生存を離れては存在し得ない。空の実践としての慈悲行は現実の人間生活を通じて実現される。この立場を徹底させると、ついに出家生活を否定して在家の世俗生活の中に仏教の理想を実現しようとする宗教運動が起こるに至った。その所産としての代表的経典が『維摩詰所説経』《ゆいまきつしょせつきょう》である。そこにおいては維摩詰《ゆいまきつ》（Vimalakīrti 浄名《じょうみょう》）という在家の資産者（居士《こじ》）が主人公となっていて、出家者たる釈尊の高足の弟子たちの思想あるいは実践修行を完膚なきまでに論難追究してかれらを畏縮せしめ、その後に真実の真理を明かしてかれらを指導するという筋書きになっている。その究極の境地はことばでは表示できない「不二《ふに》の法門」であり、維摩はそれを沈黙によって表現したという。

在家仏教の運動の理想は、やや後代に現われた『勝鬘経』《しょうまんぎょう》のうちにも示されている。それは、釈尊の面前において国王の妃である勝鬘夫人《しょうまんぶにん》が諸問題について大乗の法を説くが、釈尊はしばしば賞讃の辞をはさみつつ、その説法を是認するという筋書きになっている。

（1）　現代語訳「維摩経」中村訳、「勝鬘経」高崎訳（『仏典Ⅱ』所収）。宝幢会編『蔵・漢・和三訳合璧勝鬘経・宝月童子所問経』（興教書院、昭和十五年）。

㈣華厳経における菩薩行の強調

『華厳経』《けごんきょう》の趣意は事事無礙《じじむげ》の法界縁起《ほっかいえんぎ》の説にもとづいて菩薩行を説くのである。菩薩の修行には自利と利他との二方面があるが、菩薩にとっては、衆生済度ということが自利であるから自利即利他である。したがってまた『初発心時便成㆓正覚㆒』ともいわれる。この経の十地品[1]では、菩薩の修行が進むにしたがって心の向上する過程を十地《じゅうじ》（十種の階段）に分けて説く。また第六現前地《げんぜんじ》のところで『三界虚妄但是一心作、十二因縁分皆依心』と説いていることは重要である。また入法界品《にゅうほっかいぼん》のうちでは、善財童子の求道という中心の筋書きが注目さるべきである。かれは菩提心を起こして、菩薩行を完全に知らんがために南方に旅して五十三人（または四十四人）のもとを訪ねて教えを乞い、最後に普賢菩薩の教えを受けて究極の境地に到達する。

（1） 竜山訳註『梵文和訳・十地経』（破塵閣、昭和十三年）。

㈤浄土教

一部の大乗教徒は現世を穢土《えど》であるとして、彼岸の世界に浄土を求めた。阿閦仏《あしゅくぶつ》の浄土たる東方の妙喜国、弥勒《みろく》菩薩の浄土である上方の兜率天《とそつてん》（Tuṣita）等が考えられ、これらの諸仏を信仰することによって来世にはそこに生まれることができると信じていたのであるが、後世もっとも影響の大きかったのは阿弥陀仏《あみだぶつ》の浄土である極楽世界《ごくらくせかい》の観念である。阿弥陀仏の信仰[1]は当時の民衆の間に行なわれ、諸大乗経典の中に現われているが、特に主要なものは浄土三部経《じょうどさんぶきょう》である。

『仏説無量寿経《ぶっせつむりょうじゅきょう》』二巻　曹魏、康僧鎧《こうそうがい》訳　(The Larger) Sukhāvatī-vyūha

『仏説観無量寿経《ぶっせつかんむりょうじゅきょう》』一巻　宋、畺 良耶舎《きょうりょうやしゃ》訳

『仏説阿弥陀経《ぶっせつあみだきょう》』一巻　姚秦、鳩摩羅什《くまらじゅう》訳(2)　(The Smaller) Sukhāvatī-vyūha

浄土経典は五濁悪世《ごじょくあくせ》の衆生のために釈尊が阿弥陀仏による救いを説いた経典であるということを標榜している。阿弥陀仏とは原語音訳の省略であって、義訳して無量寿仏《むりょうじゅぶつ》(Amitāyus) または無量光仏《むりょうこうぶつ》(Amitābha) という。阿弥陀仏は過去世に法蔵《ほうぞう》ビクという修行者であったが、衆生済度の誓願（四十八願）を起こして、長者・居士《こじ》・国王・諸天などとなって無数の衆生を教化し諸仏を供養して、ついにさとりを開いた。この世界から西方に向かって十万億の仏国土を過ぎたところに極楽《ごくらく》世界 (Sukhāvatī) があり、かの仏は現にそこにましまして法を説いている。そこには身心の苦がなく、七宝より成る蓮池があり、美しい鳥の鳴声が聞え、天の音楽が奏せられている。阿弥陀仏に心から帰依する者は、その極楽世界に生まれることができる。〔この仏が過去世に修行者であったときに立てた四十八の願のうちの第十八願に、「もしわれ（未来の世に）仏となることを得んに、十方の衆生が至心に信じねがって、わが国に生まれんと欲し、乃至十たび念ずるも、もし（わが国に）生ぜずんば、われは正覚を取らじ（＝仏とはならず）（設我得仏、十方衆生、至心信楽、欲生我国、乃至十念、若不生者、不取正覚）」と誓ったが、いまや仏となりたもうたから、われらは必ず救われるはずであるというのである〕。善《ぜん》男子《なんし》あるいは善女人《ぜんにょにん》が無量寿仏の名号を聴聞し、心に念ずるならば、その人の臨終に当たって無量寿仏は声聞《しょうもん》および菩薩の聖衆をつれてかれの前に立つ（来迎《らいごう》）。そこで現世の意義が

後代の浄土教では大いに問題となるが、すでに経典の中で六度の実践の意義を強調している。

(1) 望月信亨『浄土教の起原及発達』（共立社、昭和五年）、矢吹慶輝『阿弥陀仏の研究』（昭和十二年再訂版）、『雲来文集』二二一頁以下。

(2) 荻原、高楠、河口、マックス＝ミュラー『梵蔵和英合璧浄土三部経』（大東出版社、昭和三十六年）。坪井俊映『浄土三部経概説』（隆文館、昭和四十年）。現代語訳ならびに漢文の書き下しとしては、中村・早島・紀野訳『浄土三部経』上・下（岩波文庫、昭和三十八・三十九年）。

㈥一乗思想と久遠の本仏の観念

大乗仏教徒は小乗仏教徒を極力攻撃しているけれども、思想史的現実に即していうならば、仏教の内の種々の教説はいずれもその存在意義を有するものであると言わねばならない。この道理を戯曲的構想と文芸的形式をかりて明瞭に表現した経典が法華経である。法華経《ほけきょう》(1)（Saddharmapuṇḍarīka-sūtra）は特に鳩摩羅什（Kumārajīva）訳『妙法蓮華経《みょうほうれんげきょう》』八巻によって有名であるが、その前半十四品《ほん》（迹門《しゃくもん》）においてはただ声聞乗《しょうもんじょう》（釈尊の教えを聞いて忠実に実践すること）・縁覚乗《えんがくじょう》（ひとりでさとりを開く実践）・菩薩乗《ぼさつじょう》（自利利他をめざす大乗の実践）の三乗が一乗《いちじょう》に帰するということを、非常に力強く主張している（唯有一乗法、無二亦無三）。従来これらの三乗は、一般に別々の教えと見なされていたが、それは皮相の見解であって、いずれも仏が衆生を導くための方便として説いたものであり、真実には一乗法あるのみである。一つの詩句（一偈《いちげ》）を聞いて受持せる者、塔や舎利《しゃり》（śarīra 遺骨）や仏像を礼拝する者、否、戯れに砂で塔を造る真似をし、爪で壁に仏像を描いた幼童でさえも、仏の慈悲に救われる。仏の慈悲は絶対である（衆聖中尊、世間之父、一切衆生、皆是吾子）。

ところで種々の教えがいずれも存在意義を有するのは何故であろうか。それらは肉身の釈尊の所説ではない。それらを成立せしめる根源は、時間的・空間的限定を超えていながらしかもその中に開顕し来る絶対者・諸法実相の理にほかならない。これが久遠《くおん》の本仏《ほんぶつ》である。世間の一切の天・人は釈迦如来《しゃかにょらい》が釈迦族から出家し、修行してさとりを開き、八十歳で入滅したと考えているが、実は釈尊は永遠の昔にさとりを開いて衆生を教化しているのであり、常住不滅である。人間としての釈尊は単に方便のすがたにほかならない（以上後半十四品《ほん》、本門《ほんもん》）。仏の本性に関するかかる思索を契機として、その後仏身論が急速に展開するに至った。また『法華経』の宥和的態度はさらに発展して、『大薩遮尼乾子所説経《だいさつしゃにけんじしょせつきょう》』(2)や『大般涅槃経《だいはつねはんぎょう》』においては、仏教外の異端説にもその存在意義を認めるに至った(3)。

（1）南条文雄・泉芳璟共訳『梵漢対照　新訳法華経』大正二年、本田義英『法華経論』昭和十九年、布施浩岳『法華経成立史』。渡辺楳雄『法華経を中心にしての大乗経典の研究』（青山書院、昭和三十一年）。

（2）その題名は「大サティヤカ（Mahāsatyaka）という名のジャイナ教行者が教えを説いて、それを釈尊が仏教説として承認する」という趣旨である。

（3）*『インド思想の諸問題』四五頁以下。

三　中観派

空の思想[1]を哲学的に基礎づけたのはナーガールジュナ（Nāgārjuna 竜樹《りゅうじゅ》、約一五〇—二五〇年）である。かれは南インドの人で仏教ならびにその他の宗教の学問に精通していた。かれは後世の仏教に深い影響を及ぼし、「八宗の祖師」と崇められている。

著　書

（一）『中論頌《ちゅうろんじゅ》』(Madhyamaka-kārikā)。これに対しては、(a) Akutobhaya (Tib.),[2] (b) 青目《しょうもく》釈《しゃく》[3]（羅什訳）、(c) Buddhapālita: Mūla-madhyamaka-Vṛtti,[4] (d) Bhavya（清弁《しょうべん》）: Prajñāpradīpa（『般若燈論《はんにゃとうろん》』）、(e) Candrakīrti: Prasannapadā, (f) 安慧《あんね》『大乗中観釈論《だいじょうちゅうがんしゃくろん》』などの諸註釈が存する。

（二）『十二門論《じゅうにもんろん》』。

（三）Śūnyatā-saptati.

（四）Vigraha-vyāvartanī[5]（『廻諍論《えじょうろん》』）。

（五）『六十頌如理論《ろくじゅうじゅにょりろん》』[6]（施護《せご》訳、Tib.）。

（六）Vaidalya-sūtra (Tib.).

（七）『大智度論《だいちどろん》』百巻、羅什訳。
（八）『十住毘婆沙論《じゅうじゅうびばしゃろん》』十七巻、羅什訳。
（九）『大乗二十頌論《だいじょうにじゅうじゅろん》』（施護訳、Tib.）。
（一〇）『菩提資糧論頌《ぼだいしりょうろんじゅ》』六巻（自在作の釈とともに達磨笈多 Dharmagupta 訳）。
（一一） Suhṛl-lekha[7]（漢訳三本あり）。
（一二） Ratnāvalī[9]（『宝行王正論《ほうぎょうおうしょうろん》』真諦三蔵《しんだいさんぞう》訳、Tib.: Rājaparikathāratnamālā[8]）。
（一三） Catuḥstava.

『中論』においては、有部の法有の主張を含めて、何らかの意味において多数の実体的原理を想定する諸々の哲学思想を批判し論難している。もしも法有の立場に立って概念あるいは本質のようなものを実体視するならば、現象界の変化の成立している所以を説明し得ないこととなる、ということをかれは主張する。まず時間規定を受けていてしかも実体的本質を有するものは変化することができない。例えば「まず已《すで》に去ったものは去らない。また未だ去らざるものも去らない。已に去ったものと未だ去らないものとの両者を離れた今去りつつあるものもまた去らない」（二・一）という。しかるに現実の経験世界においては生滅去来の変化が成立している。したがって諸法そのものは実有ではあり得ない。空であり、無自性でなければならない。

また現象界における個々の相は、互いに他の相との対立・依存関係において成立している。『作用によって能作者あり、またその能作者によって作用がはたらく』（八・一二）。『浄に依存せずしては不浄は存せず。その不浄に縁《よ》って浄をわれらは説く。故に浄は不可得なり。不浄に依存せずしては浄は存せず。その浄に縁って不浄をわれらは説く。故に不浄は存することなし』（二三・一〇―一一）。いかなるものも自己に対して否定的に対立するものを前提となし、しかも、かかる否定的対立者を否定することにおいて成立している。ゆえに諸々の事物（諸法）それ自体は不可得であり、空《くう》である。何らかの概念を以て述語することができない。ただ否定的にのみ表現され得る。諸々の事物の本性は空であると観ずる絶対的立場を〈究極の真理〉（真諦《しんたい》・勝義諦《しょうぎたい》・第一義《だいいちぎ》諦《たい》 paramārtha-satya）の立場と呼び、これに対して諸法のあらわれを世人一般あるいは諸哲学者が執着するとおりに承認する相対的立場を〈日常生活の真理〉（俗諦《ぞくたい》・世《せ》俗諦《ぞくたい》 saṃvṛti-satya）の立場という。かれは二種の真理（二《に》諦《たい》）を認めていた。そうして、すべては空であるからこそ実践が可能であり、もしも空でなかったならば、われわれが目標をめざして努力することも不可能であると主張する。

この空の理法をナーガールジュナは縁起《えんぎ》（pratītyasamutpāda）と呼んでいる。それはあらゆるものが互いに依存しあって起こっているということである。それは〈諸法実相《しょほうじっそう》〉とも称し、また〈無我〉と同義であると解している。この理法は、相対的に対立している諸概念のうちのいずれか一方に執着しないことであるから、それをまた〈中道〉とも称する（衆因縁生法、我説即是無、亦為是仮名、亦是中道義）。『中論』の題名はこれに由来し、またナーガールジュナの学系を中観《ちゅうがん》派（Mādhyamika）と称する。

ナーガールジュナによると、ニルヴァーナ（nirvāṇa 涅《ね》槃《はん》）は有でも無でもなくて空である。『われわれの存在を構成する五つのあつまり（*五蘊《ごうん》）に執着し、或いは因縁に縁って生死往来する状態に対して、縁らず執着せざるときには、それがすなわちニルヴァーナなりと説かる』（二五・九）。輪廻とニルヴァーナとにはいかなる区別も存在しない（二五・一九）。ニルヴァーナという特別の境地が実在すると考えるのは、凡夫の迷妄である。「繋縛《けばく》と解脱とがある」と思うときには束縛があり、「繋縛もなく、解脱もなし」と観ずるところに解脱がある。

　当時仏身論が種々に説かれていたが、ナーガールジュナはそれらの所論はすべて如来の本体を捉えていないという。『仏は戯論《けろん》を超越して不壊なるものなるに、しかも仏を戯論する人々はすべて戯論に害せられて如来《にょらい》を見ず』（二二・一五）。『如来の本性なるものは、すなわち世界の本性である』（二二・一六）。ところで諸法が無自性・空である以上、如来も空である。要約すれば、「縁起を観ずることが法を観ずることであり、それがそのまま仏を見ることである」。この理法を体得するから慈悲行の実践が成立する。

　ナーガールジュナの弟子にアーリヤデーヴァ[10]（Āryadeva 提婆《だいば》、聖天《しょうてん》、一七〇―二七〇年ころ）がいた。鋭い論法を以て諸学派を論難攻撃したので、他派から怨まれて殺されたという。著書に『百論』『四百論』などがある。アーリヤデーヴァの後継者にラーフラバドラ（Rāhulabhadra 二〇〇―三〇〇年ころ）が出た（シナ・日本の三論宗は『中論』『百論』『十二門論』に準拠する）。

（1）宮本正尊『中道思想及びその発達』（法蔵館、昭和十九年）、*『インド思想の諸問題』五二九—五五六頁、T. R. V. Murti: The Central Philosophy of Buddhism, London 1955.
（2）池田『根本中論疏無畏論訳註』（東洋文庫、昭和七年）。
（3）宇井国訳（『宇井伯寿著作選集』第四巻、大東出版社、昭和四十三年）。
（4）Th. Stcherbatsky: The Conception of Buddhist Nirvāṇa, Leningrad 1927（金岡秀友訳『大乗仏教概論』理想社、昭和三十二年）。『雲来文集』五五六頁以下、山口益『月称造梵文中論釈』（一）（二）、昭和二十三・二十四年。中村『ナーガールジュナ』（講談社、一九八〇年）参照。
（5）山口『中観仏教論攷』（弘文堂、昭和十九年）、二九頁以下。
（6）同上、一一一頁以下。
（7）『東北目録』No. 4496. *『宗教と社会倫理』三三八頁以下。
（8）瓜生津隆真訳、『仏典I』所収。
（9）『東北目録』Nos. 1119–1122.; Tucci, Journal of the Royal Asiatic Society, 1932, p. 309 f.
（10）宇井『印哲研』第一巻、山口『中観仏教論攷』。W. II, p. 349 f.『宇井伯寿著作選集』第五巻（大東出版社、昭和四十三年）。

第三節　ジャイナ教

一　ジナ崇拝の高調

当時のジャイナ教徒は従前同様商人が多かったが、教団のために寺院を建設し、ジナ像・石板などを寄進した。ジャイナ霊場への巡礼も行なわれた。ジナはますます超人視され、神化されて崇拝の対象となった。ジナの伝記が作製され、この宗教の主要人物の前世物語も作製された。経典あるいは宗教譚を読誦することは非常に功徳ありとして勧め、一般インドの伝説・物語を豊富に摂取して布教に利用した。

第四節　南インド文化の開花

南インドのドラヴィダ民族もこの時代になると、独自の文化の華を咲かせるに至った。恐らく西紀後二世紀ごろにクラル（Kurral「短い詩節」の意）という詩句集がつくられた。タミル語で二行詩形の千三百三十の格言の集まりである。

『真の施しは報酬を求めない。いったい世界は、雨を与えてくれる雲に対して何を報いるだろうか。』

『慈愛という富こそ富の中の富である。財産という富は愚民でも所有できる。』

『外的な純粋は水によって現わされる。心の純粋は誠実において明示される。』

『快楽を熱望せず苦しみを当然なものと心得ている人は心痛することはないであろう。』

第七章　集権的国家における諸哲学学派の確立

一　集権的国家の成立（グプタ王朝）

クシャーナ帝国およびアンドラ帝国は西紀三世紀に入るや次第に衰微し、幾多の群小諸国が対立していたのであるが、マガダから起こったチャンドラグプタ（Candragupta）一世が西紀三二〇年に即位してグプタ（Gupta）王朝を創始した。次のサムドラグプタ（Samudragupta 三三〇年ころ即位）は南北にわたる全インドを征服し、ここにマウリヤ王朝以後始めて統一国家が形成された。豊満艶麗なインドの古典文化はこの時代に花を開き、天文学や数学もほぼこの前後の時代に発展した。しかし五世紀中葉には匈奴（Hūṇa）の侵入があり、グプタ王朝は次第に衰えて、六世紀にはインドはまた四分五裂に陥った。

この時代[1]における社会構成を見るに、グプタ王朝の下に多数の小藩侯が隷属していた。それぞれの藩侯国の内部では、藩侯に直属する官吏が行政を行ない、身分的区別は固定的となっていて職業は大体世襲であり、人民は土地に結びつけられていた。通貨の統一も行なわれ、ローマの denarius に相当する dīnāra が金貨の単位とされていた。

このような社会の固定化を基礎づける理論としてインド古来のバラモン教学が復興され、大体においてバラモン教が国教として採用されていた。社会秩序の維持のためにはバラモンの法典が規準とされた。またヒンドゥー教諸派はバラモン教の学問・神話・習俗を豊富に摂取し、バラモン教と融合するとともに、漸く社会の上層階級の支持を受け、社会的には非常に有力なものとなった。ヒンドゥー教の壮大な寺院も多数建設された。したがって学術・文芸の方面でもバラモン教学が社会の前面に現われ、バラモンの用語であるサンスクリットが全インドにわたって公用語として用いられた。

他方仏教やジャイナ教は、学問的研究は盛んであったが、社会的勢威は弱まりつつあった。したがって、かかる事情に促されて、仏教・ジャイナ教の学者たちもサンスクリットを用い、後にはバラモン哲学の術語を多く用いて、哲学的論議を交すに至った。

さらに哲学のみならず一般に諸々の学問においては、学派の伝統すなわち学系が確立した。各学派ごとに根本経典あるいは教科書が作成され、師から弟子へと伝えられた。その後の諸学者はその根本的教説を遵奉し註解して、それを詳しく発展せしめている。哲学に関しては諸学派の体系がいちおう完成したことが、最も著しい特徴である。諸宗教とも宗派的意識が顕著となり、信徒は或る特定の宗教を奉じているのだという意識が特に顕著になった。そうして諸宗教・諸学派を通じて、この時代に復興したバラモン教の身分倫理に妥協する傾向が顕著である。

社会組織に関する理論的体系としては、グプタ王朝時代およびその前後に諸種の法典が作製されたが、『ヤージニャヴァルキヤ法典』(Yājñavalkya-smṛti 西紀後三〇〇年ころ成立) は後代のインドでは特に規制力の大きなものとなった。

また政治論書 (例えば『カウティリヤ実利論』) が完成された。これらは実質的にはその後改訂されることなく、少なくとも回教徒の侵入までは、一種の標準とされていた。

集権的国家の成立とともに、国家神聖視の思想は、グプタ王朝時代およびそれ以後において絶頂に達した。当時成立した諸法典 (Nārada, Bṛhaspati など) においては、国王は神的権威をもって行動するものであり、人民は国王に対して絶対に従順であらねばならぬといって、国王の神聖性が強調されている。その理由としては、国王は世界を守護するという使命が託せられているからだともいい、あるいは王が過去に宗教的な苦行を修したのでその功徳によって人民の主として生まれて来たからであるともいう。かかる見解は、仏教やジャイナ教でも次第に容認されるようになった。

(1) ＊『インド古代史』下、四三八―四六八頁。

第一節　正統バラモン系統

インドでは正統派・非正統派にわたって哲学体系の数を六つにまとめて〈六つの哲学体

系〉(Ṣaḍdarśana) とよぶことが古くから行なわれていたが、ときには正統バラモン系統の哲学体系としてしばしば六つ数え、これを日本では〈六派哲学〉とよぶことがある。正統バラモン系統の哲学として、サーンキヤ学派とヨーガ学派、ヴァイシェーシカ学派とニヤーヤ学派、ミーマーンサー学派とヴェーダーンタ学派とはそれぞれ姉妹関係にある。そのほかに、ことばの形而上学が文法学者によって唱えられた。これらの諸学派は何らかの意味でヴェーダ聖典の権威を認め、またバラモンの階級的優越性を認めているので、〈正統〉と考えられている。

ただ、このような承認は実際問題としては名目的なものにすぎず、これらの哲学学派の学者のうちには、ヴェーダ聖典の教えと矛盾したことを説いている人々も少なくない。これに対して、ヴェーダ聖典の権威を認めず、したがってバラモンの社会的優越性を認めない人々――仏教・ジャイナ教・唯物論――は正統バラモンのほうからは異端説(nāstika)とみなされた。

ここに挙げる正統バラモン系統の諸学派の成立年代は必ずしも同一時期ではなくて、はるか以前に成立したものもあるが、いいい社会的にはグプタ王朝を中心とした前後の時代に興隆したと考えられるので、ここに一括して紹介することにした。

一　古典サーンキヤ説の体系

サーンキヤ（Sāṃkhya）[1]学派[2]の開祖はカピラ（Kapila 西紀前三五〇―二五〇年ころ）であると伝えられている。その弟子にアースリ（Āsuri）があり、アースリの弟子に、パンチャシカ（Pañcaśikha 前一五〇―五〇年ころ）があった。[3]その後、ヴァールシャガニヤ（Vārṣagaṇya 雨衆、二五〇―三五〇年ころ）、ヴィンディヤヴァーシン（Vindhyavāsin 四世紀）などの学者が現われて仏教を論難した。しかしこれらの学者の著作はすべて散佚して、ただ断片が伝えられているだけであり、現存せる最古の原典はイーシュヴァラクリシュナ（Īśvarakṛṣṇa 自在黒《じざいこく》、四世紀）の『サーンキヤ頌《じゅ》』[4]（Sāṃkhya-kārikā）である。

サーンキヤ学派では、ウパニシャッドの哲人ウッダーラカの思想を批評的に改革して、唯一なる有の代わりに二つの実体的原理を想定した。どちらも永久に実在するものである。一つは精神的原理としての純粋精神であり、プルシャ（puruṣa ＊神我）と名づけられ、アートマンとも呼ばれる。これに対して他の物質的原理は根本原質（prakṛti ＊自性または pradhāna）であるが、これは現象世界の開展の原理となるから、未開展者（avyakta ＊非変異）とも呼ばれる。純粋精神は実体としての個我であり、原子大で、多数存在し、その本質は知（jña）または思（cit, cetana）であるという。それは何らの活動を行なうことなく、ただ根本原質を観照するだけであるから、非活動者（akartṛ）ともいわれる。それ自体は常住不変で純粋清浄であり、生も死も輪廻も解脱もすべて純粋精神そのものには本質的な関係はない。

これに対して根本原質は根本的な質料因である。本来物質的で活動性を固有し、純質（sattva）・激質（rajas）・翳質（tamas）という三つの構成要素（triguṇa ＊三徳）より成っている。これらの三つの構成要素が相互に平衡しているときには静止的状態にあるが、純粋精神の観照を機会因として激質の活動が起こると、根本原質の平衡状態が破れて開展（pariṇāma *転変）が開始される。その際に根本原質から最初に生ずるものを根源的思惟機能（buddhi *覚）または大なるもの（mahat *大）と呼ぶ。これは確認の作用（*決智）を本質としているものであり、精神的な作用のもととなるが、しかし純物質的なもので、身体の中の一機官である。

次にこの根源的思惟機能が、その中に含まれている激質によってさらに開展を起こし、その結果として自我意識（ahaṃkāra *我慢）を生じる。これもやはり純物質的な一機官であり、三つの構成要素より成るが、自己への執着（我執）を特質とするものである。これあるが故に人は常に「われが為す。このものはわれに属する。これがわれである」といって、自己本位の見解を懐いている。かかる自我意識はかならず元来物質的な根源的思惟機能を自我なりと誤想し、根源的思惟機能と純粋精神とを同一視するものである。かかる自己中心的な自我意識の誤想がわれわれの輪廻を成立せしめる基となっている。

次にその自我意識から、その中にある激質の力によって二種類の創造が為される。一方では十一の機官（眼・耳・鼻・舌・身という五つの感覚機官と発声機官・手・足・排泄機官・生殖機官という五つの行動機官と意）が生じ、他方では五つの対象領域の微細な要素（tanmātra *唯）が生じ、後者から五元素が生じる（声唯《しょうゆい》→空大、触唯《そくゆい》→風大、色唯《しきゆい》→火大、味唯《みゆい》→水大、香唯《こうゆい》→地大）。

以上列記した諸原理を合わせて「二十五の原理」（*二十五諦《たい》）と称する。

この開展の次第からも明らかなように、人間の感覚・知覚・思考・意欲などの諸作用は物質に属するのであって精神に属するのではない。純粋精神はただそれらを照らして意識せしめるだけなのである。精神には道徳的な責任がない。微細なる身体が道徳的な責任を負う主体なのである。

さて純粋精神は本来純粋清浄なものではあるけれども、物質によって制せられているが故に、この生存が苦しみとなっているのである。すなわち純粋精神が根本原質を観照して物質と結合している間は、輪廻が存する。根源的思惟機能・自我意識・五つの微細な要素（tanmātra）によって微細身（liṅga）が形成され、肉体が滅びた後にも永続的に存在し、輪廻の主体となる。故にこの輪廻の生存から離脱するためには、特別の修行を行なって、純粋精神を汚れから清め、その純粋清浄な本性が現われるようにしなければならぬ。解脱の直接の原因は智である。その智について外的な智すなわちヴェーダ聖典の知識と内的な智すなわち純粋精神の智とを区別しているが、特に解脱をもたらすものは後者である。解脱のための智を得る補助的方法としてはヨーガの修行を勧めている。かかる修行によって純粋精神の智が完成せられたときに解脱が起こるのであるが、その解脱も根本質料因のほうに起こるのであって、純粋精神それ自体には何の変化もない。

さて解脱に到達した人も、そこで直ちに死ぬのではない。現世の寿命は前世の業の潜勢力によって先天的に定まっているから、その寿命の尽きるときまで生存を続け、寿命の尽きたときに始めて死ぬのである。解脱してもなお生存しつづけている状態を生前解脱（jīvanmukti）といい、死後に二元が完全に分離することを離身解脱（videhamukti）と称する。ここで純粋精神は独存（kaivalya）となり、本来固有の純粋精神性を発揮する。実在するものはこの二元だけであり、世界創造神とか主宰神というようなものを想定しなかった。

（1）音写して「僧佉《そうきゃ》」と書き、その語源的意義を考慮して「数論」（スロンとよむ）と書くことがある。原典の訳としては、本多恵『サーンキヤ哲学研究』上（春秋社、昭和五十五年）。
（2）R. Garbe: Die Sāṃkhya-Philosophie, 2 Aufl., Leipzig 1917. 山口惠照『サーンキヤ哲学体系序説』（あぽろん社、昭和三十九年）、同『サーンキヤ哲学体系の展開』（同上、昭和四十九年）。
（3）初期のサーンキヤ説については、宇井伯寿「Sāṃkhya-yoga に就て」（『哲学雑誌』大正七—八年）、村上真完『サーンキヤ哲学研究』（春秋社、一九七八年）。
（4）サーンキヤ頌に対する古い主な註釈としては次のものがある。
㈠『金七十論《きんしちじゅうろん》』（Suvarṇa-saptati）、真諦三蔵《しんだいさんぞう》（六世紀後半）訳。
㈡ Gauḍapādabhāṣya（六〇〇—七〇〇年ころ）。
㈢ Māṭharavṛtti（六〇〇—七〇〇年ころ）。
㈣ Yuktidīpikā（七〇〇年ころ）。
㈤ Sāṃkhya-vṛtti.
㈥ Vācaspati: Sāṃkhya-tattvakaumudī（八〇〇—八七〇年ころ）。
㈦ Nārāyaṇatīrtha: Sāṃkhyatattvacandrikā.

(八) Śaṅkara: Jayamaṅgalā.

二　ヨーガ学派

ヨーガ学派[1]はヨーガ（yoga *瑜伽《ゆが》）の修行によって解脱に到達することを教える学派である。その根本経典『ヨーガ・スートラ』[2]（Yoga-sūtra）の編纂者はパタンジャリ（Patañjali）と称せられるが、実は西紀四〇〇—四五〇年ころに現形のように編纂せられた。ヨーガの起源は極めて古く、恐らくインド文明の成立とともに存在していたと考えられるが、理論的に体系化されたのはこの時代においてであった。

この学派には仏教の影響も認められるが、しかしその形而上学説は大体においてサーンキヤ学派のそれとほぼ同じであり、ただヨーガ派では最高神を認める点が異なっている。ヨーガ派によると、最高神は一個の霊魂にすぎない。それは永遠の昔から存在する個我としての多数の霊魂の中でただ一つ威力にみち、完全性を具えている。それは一切のものを支配するが、しかし世界創造は行なわない。

インドでは極めて古い時代から森林樹下などにおいて静坐瞑想に耽ることが行なわれていた。その起源は恐らくインダス文明時代の原住民の中に求められるらしい。初めのうちはその境地を楽しんで安楽を求めていたのであろうが、後には次第に宗教的な意味が強められて、意を制御する実践法として尊重せられた。日常生活の相対的な動揺を越えた彼方に絶対静の神秘境があり、その境地においては絶対者との合一が実現されると考えた。かかる修行をヨーガと呼び、その修行を行なう人をヨーガ行者（yogin）といい、その完成者をムニ（muni *牟尼《むに》）と称する。かかる神秘的境地は多くの学派にとって解脱の境地と一致するものであるから、各学派ともヨーガの修行を実践法として採用している。

〈ヨーガ〉の語義は心の統一をなすことである。「心の作用の止滅」の意味であると規定している。したがって外部的な束縛を離れるとともに、さらに内部的な心の動揺を静めなければならぬ。まず閑静な場所を選定して、そこに坐し、坐法に従って足を組み、呼吸を静めて心の散乱を防ぎ、五官を制して誘惑を避け、さらに進んで心の集中に移らなければならぬ。そのための準備的条件として、制戒と内制とを修する必要がある。㈠制戒（yama）とは不殺生・真実・不盗・不婬・無所有という五戒をたもつことであり、㈡内制（niyama）とは内外の清浄と満足と苦行と学修と最高神に専念することとである。日常生活に関してかかる準備を行なった上で、精神を統一する修行に入る。㈢坐法（āsana）によって身体を安定不動ならしめ、㈣調息（prāṇāyāma）によって呼吸をととのえ制し、㈤制感（pratyāhāra）によって諸々の感覚機官を対象から離して心をくつろがせ、㈥総持（dhāraṇā）によって心を一カ所に結合し、㈦静慮《じょうりょ》（禅定《ぜんじょう》 dhyāna）によって念ずる対象にわれわれの観念が一致し、㈧三昧《さんまい》（samādhi 等持）によって対象のみが輝いて心自体は空のようになる。以上をまとめてヨーガの八実修法という。三昧にもなお浅深の区別があって、有想三昧と無想三昧とに分かれる。前者は対象の意識をともなう三昧であり、まだ対象に縛せられ制せられているし、また心作用の潜在力をもっているから有種子三昧ともいわれる。しかるに無想三昧に入ると、もはや対象の意識をともなわず、対象に縛せられることなく、そこにおいては心作用の余力をも全く滅ぼしているから、これを無種子三昧ともいう。これが真のヨーガであり、そのときプルシャは観照者としてそれ自体のうちに安住する。それは主宰神との合一や共住ではなくて、ただ精神が物質から完全に分離していることにほかならない。

（1）ヨーガに関する書は非常に多いが、近年のものとして Mircea Eliade: Yoga. Immortality and Freedom, Pantheon Books, New York 1958. 岸本英夫『宗教神秘主義』（大明堂、昭和三十三年）、佐保田鶴治『解説ヨーガ・スートラ』（恒文社、昭和四十一年）。

（2）ヨーガ・スートラに対する註釈として次のものがある。

(一) Vyāsa（五〇〇年ころ）: Bhāṣya

それに対する復註

(a) Vācaspati（八五〇年ころ）: Tattvavaiśāradī（本多恵『ヨーガ書註解』平楽寺書店、一九七八年）

(b) Vijñāna-bhikṣu: Yogavārttika

(c) Śaṅkara: Yogasūtrabhāṣyavivaraṇa

(d) Nāgojībhaṭṭa（十八世紀）: Vṛtti

(二) Bhoja 王（十一世紀）: Rājamārtaṇḍa

(三) Rāmānanda Sarasvatī: Maṇiprabhā

(四) Nārāyaṇa Bhikṣu: Yogasiddhāntacandrikā

(五) Ananta: Yogacandrikā
(六) Bhāvāgaṇeśa Dīkṣita: Pātañjalavṛtti
(七) Sadāśivenda Sarasvatī: Yogasudhākara
(八) Baladeva Miśra: Yogapradīpikā

三　ミーマーンサー学派

ミーマーンサー（Mīmāṃsā）学派[1]は、ヴェーダ聖典の中に規定されている祭祀・儀礼の実行の意義を哲学的に研究して統一的解釈を与える学派である。この学問を祭事ミーマーンサー（Karma-mīmāṃsā）と称するが[2]、〈ミーマーンサー〉とは審察考究という意味である。この学問はジャイミニ（Jaimini 約西紀前二〇〇―一〇〇年）によって確立されたが、この系統の学説を記した短い文句が暗誦によって伝わり、西紀一〇〇年ころに一つの組織にまとめて編纂せられ、根本経典『ミーマーンサー・スートラ』（Mīmāṃsā-sūtra）が成立した。これに対してシャバラスヴァーミン（Śabarasvāmin 五五〇年ころ）が詳しい註釈（Bhāṣya）を著わした。

この学派は法（dharma）の考察研究がその目的であると称するが、ここにいう「法」とはヴェーダ聖典に規定されている祭式の実行であり、それが宗教上の理想を実現せしめるものであると解する。祭式の実行は上層三階級にのみ許されるものであると考えた。

そこでミーマーンサーの学者にとっては、ヴェーダ聖典の絶対性を論証することがまず第一に必要となった。かれらの信念によると、ヴェーダ聖典は人間の作ったものではなくて、宇宙の変化・生滅を超越して永遠に実在している。ところでヴェーダはことばから成るものであるから、ヴェーダの常住永遠性を主張するためにはことばが常住であるということを説かねばならなかった。かれらによると、ことば（語）とは単なる音声ではなくて、音声を超越して実在するものである。音声は無常であるが、語は音声と意味との媒介体であって常住である。ウパヴァルシャ（Upavarṣa 四五〇―五〇〇年）は語とは字音（varṇa）のことであると明言した。語と意味とのこの結合関係は永久不変であり、個人個人の認識主観の区別をこえて成立している。それは人間の取り決めたものではない。そうして正しい観念ないし知識は恒久的に実在するもの（常住）であり先天的なものであり、人間の経験から起こるものではない。それはヴェーダのうちにのみ存する。それはヴェーダの言語ないし文章としてわれわれ人間に常に何事かを命令しつつある。これをヴェーダの教令（codanā）という。人々はこれに絶対的に服従しなければならない。これに服従することが「法」である。この学派では最高神を想定しなかった。

祭祀の行為は三種類である。すなわち、常になさねばならぬ義務的なもの（nitya）と臨時になさねばならぬ義務的なもの（naimittika）と随意になし得る選択的なもの（kāmya）とである。特定の祭祀を実行するとわれわれ自身に一種の余力が残り、それがのちに果報をもたらす。その余力を新得力（apūrva）と称する。祭祀において、神々や供物は果報の享受には影響しない。その新得力が正にして善であるならば、未来において生天など繁栄（abhyudaya）の果報を得て、福楽を享受する。

（1） 宇井『印哲研』第一巻、*『ブラフマ・スートラの哲学』（岩波書店、昭和二十六年）、五九頁以下、三三二頁以下、六六頁以下。*『ヴェーダーンタ哲学の発展』（岩波書店、昭和三十年）、一八九頁以下、三四頁以下。

（2） また、ヴェーダーンタ学派を〈後ミーマーンサー〉（Uttara-mīmāṃsā）とよぶのに対して、ミーマーンサー学派を〈前ミーマーンサー〉（Pūrva-mīmāṃsā）とよぶことがある。〈後ミーマーンサー〉は〈前ミーマーンサー〉を予想しているからである。

四 ヴァイシェーシカ学派

ヴァイシェーシカ[1]（Vaiśeṣika）学派の開祖はカナーダ[2]（Kaṇāda 別名 Ulūka 西紀前一五〇—五〇年ころ）という人であるが、西紀五〇—一五〇年ころにこの学派の根本経典である『ヴァイシェーシカ・スートラ』が編纂された。

この学派はわれわれの知識を成立せしめる根拠としては直接知覚（*現量）と推論（*比量）とのみを認める。諸哲学学派が一般に聖典の権威を認めているのに対して、この学派は、聖典から得られる知識を、推論によって得られる知識の一種にほかならぬものとしてその中に含めて解し、独立の知識根拠とは認めていない。また語常住論を排斥する。一般に語と意味との結合関係は全く便宜的・習慣的であって、先天的あるいは恒久的なものではないといって、いかなる知識もすべて経験から起こったものであると主張する。

この学派は実体・性質・運動・普遍・特殊・内属（*実《じつ》・*徳《とく》・*業《ごう》・*同《どう》・*異《い》・*和合《わごう》）という六つの原理またはカテゴリー（padārtha *句義《くぎ》）を立てて、現象界の諸事物の構成を明らかにする。実体は他の五つの原理の所有者あるいはよりどころとなっているものであるから、内属因（samavāyi-kāraṇa *和合因）と呼ばれる。他方、性質・運動等は実体に内属してのみ現われるものであるから、実体以外のものを結果（*果）と呼ぶ。この場合、一方が他方に従属し制約されているという点で原因および結果と呼ぶのであって、両者は時間的前後関係にあるのではない。これに反して運動または性質が他の何ものかの原因となる場合にはこれを非内属因（asamavāyi-kāraṇa）と呼ぶ。

実体（dravya）としては、地・水・火・風の四元素（*四大）と虚空と時間と方角とアートマン（*我）と意との九を立てる。この四元素には各々性質の異なる無数の原子がある。原子は単純微細であり、球体をなしていて、不滅である。各原子の本来の性質としては、地には香、水には味、火には色、風には可触性（*触《そく》）が特有であり、さらに水には冷、火には熱があるが、われわれはそれらを直接に感覚することはできない。これらの原子が結合して複合体を形成し、われわれの感官によって知覚され得るようになる。その最初の運動をひき起こす力を不可見力（adṛṣṭa）と呼ぶ。諸原子にそれがはたらくことによって、現実の自然世界が成立するのである。その結果成立した地は香・味・色・可触性を有し、水は味と色と可触性と流動性（*液体）と粘着性（*潤《にゅん》）とを有し、火は色と可触性とを、風は可触性を有する。〈虚空〉はすべてのものに存在運動の場所を与える唯一・常住・遍在なる実体である。その特有の性質は音声（*声）であるが、運動性を有しない。〈時間〉は認識主観の中に前後・同時・遅速の観念を成立せしめるもとのものとしての実体であり、唯一・常住・遍在で無活動であるが、特有の性質がない。〈方角〉は具体的には四方四維をいうが、認識主観の中に前後・遠近の観念を起こさせるもとのものである。

〈アートマン〉（ātman *我）の存在することは、次の証拠から知られる。生きている人と死人とを比較してみると、生きている人には呼吸・瞬目・生命・意の運動があり、また一つの感官に或る感覚が起こるとそのために他の感官に変化の起こることが認められる。また一般に人間には知覚作用(3)・快感・不快感・快いものに対する欲求・快からぬものに対する嫌悪・意志的努力のはたらきの存することが経験されている。故にこれらの事実からアートマンの存在することを承認しなければならない。かかるアートマンは常住遍在であり、初めがなく、時間的にも空間的にも限定されていない。元来は唯一であるが、限定を受けて各個人に一つずつあるものとして個別的に現われている。このアートマンは「われ」という観念に応ずる主体である。

このアートマンはあらゆる事物を直接にただちに知ることはできない。認識が成立するためにはさらに意のはたらきが加わらなければならない。〈意〉（manas「考えるもの」の意味）は物質的な実体である。身体の中に唯一つのみ存し、その量は原子大であって、極めて速やかに動く。感覚機官が対象に対立している場合、そこに意のはたらきが加わって始めて、対象からの印象が知覚となってアートマンに及ぶ。

性質（guṇa）としては色・香・味・可触性（*触）・数・量・別異性（*別体）・結合（*合）・分離（*離）・かなた（*彼体）・こなた（*此体）・知覚作用（*覚）・快感（*楽）・不快感（*苦）・欲求（*欲）・嫌悪（*瞋《しん》）・意志的努力（*勤勇《ごんゆう》）の十七を認める。運動（karman）としては、上昇・下降・収縮・伸張・進行の五種[4]を認める。普遍（sāmānya）と特殊（viśeṣa）とは相対立せるものである。最上の普遍は有性《うしょう》であり、これに反して極限における特殊（*辺《へん》異《い》）は原子等の中に存し、普遍を含まない。有性と極限における特殊との中間においては、標準の立てかたによって、同一物が普遍ともなれば、また特殊にもなる。さて性質と運動と普遍と特殊とは本来不離のものとして実体に内属しているから、この内属（samavāya）という関係を独立の原理として立てる。これは普遍でもなく、特殊でもない[5]。

この学派によると、ヴェーダ聖典はいちおう価値のあるものであるが、しかしヴェーダに従って行動したならば、ただ果報として生天を来すのみであり、輪廻の範囲を脱することができない。解脱のためにはヴァイシェーシカの六原理の研究とヨーガの実修とを行なわなければならない。この六原理の本性を真に理解するならば至上の幸福すなわち解脱が得られると説くが、しかし心が乱れていては真実の理解が得られないのでヨーガの実修をすすめるのである。アートマンが味《くら》まされているのは意がはたらいているためであるから、意を制するヨーガ（yoga）の行を実践の中心とした。そうして、ヨーガによって前世からの余力すなわち不可見力を滅ぼしつくして、アートマンが身体と合することもなくまた再生もしないことになると、解脱が実現する。その境地においてはアートマンは何らの活動をなさぬ純粋の実体として存在する。

『ヴァイシェーシカ・スートラ』に対しては次の註解書が存在する。

㈠ Candrānanda（七世紀）: Vṛtti
㈡ Vyākhyā（十二または十三世紀）
㈢ Śaṅkaramiśra（一四〇〇―一四五〇年ころ）: Vaiśeṣika-sūtra-upaskāra
㈣ Jayanārāyaṇa（十九世紀）: Kaṇādasūtravivṛti
㈤ Gaṅgādhara Kaviratna Kavirāja（十九世紀）: Bhāradvājavṛtti-bhāṣya
㈥ Candrakānta（十九世紀末）: Bhāṣya

西紀四五〇―五〇〇年ころに、プラシャスタパーダ（Praśastapāda）が『諸原理の特質の綱要』（Padārthadharmasaṃgraha）という書を著わして、ヴァイシェーシカ哲学を組織的に論述し、思想の発展のあとを示している。〈性質〉としては、スートラに挙げられている十七のほかに、重さ（*重体）と流動性（*液体《えきたい》）と粘着性（*潤《にゅん》）と潜勢力と不可見力（すなわち法と非法）と音声という七つを加えて二十四の性質を想定した。また知識は四種類であり、(1)直接知覚によって得られる知識と、(2)推論によって得られる知識と、(3)想起によって得られる知識と、(4)聖仙の直観に由来する知識とである。ヴェーダ聖典の知識は第四種の知識のうちに含まれると考えた。

（1）漢訳では勝論《かつろん》・衛世師・吠世史迦などと書く。宇井『印哲研』第一・三巻。

（2）Kaṇabhuj, Kaṇabhakṣa というような名でも言及される。いずれも「こごめ（kaṇa）を食う者」という意味であるが、この場合〈こごめ〉とは原子のことであり、あだ名としてそのように呼んでいたが、のちに実名にとって代わったのであろうという説がある。

（3）これらのはたらきを、漢訳ではそれぞれ、覚・楽・苦・欲・瞋・勤勇という。

（4）これらの運動の種類を、漢訳ではそれぞれ、取・捨・屈・伸・行という。

（5）二つのものにとって〈結合〉は偶有的なものであり、やがて分解してしまうが、〈内属〉は本来不可分離のものなのである。〔中村「ヴァイシェーシカ学派の原典」『三康文化研究所年報』10・11号〕。

五　ニヤーヤ学派と論理学

論理学研究[1]はかなり古い時代から行なわれ、医書『チャラカ本集』（Caraka-saṃhitā）の中にさえ論理学を説く一節があり、仏教では『方便心論』のような書が著わされた。仏教では論理学のことを因明《いんみょう》と呼ぶ。しかしそれを組織的に大成したのはニヤーヤ（Nyāya）学派である。〈ニヤーヤ〉とは元来「理論」「正理」という意味であり、後には論理学的研究一般の呼称となり、その本質は理論をもって真理を探究すること（ānvīkṣikī）であると考えられた。そうして〈ニヤーヤ〉という名がさらに学派名とされるに至った。開祖はガウタマ（Gautama 別名 Akṣapāda 足目、西紀五〇―一五〇年ころ）であるが、この学派の根本経典『ニヤーヤ・スートラ』（Nyāya-sūtra）は西紀二五〇―三五〇年ころに編纂された。これに対して、ヴァーツヤーヤナ（Vātsyāyana 三五〇年ころ）が詳しい註解書（Bhāṣya）を著わして、趣意を明らかにした。

ニヤーヤ学派の教説のうち形而上学に関する部分は、大体においてヴァイシェーシカ派と類似している。しかし若干の相違点も存する。認識の対象（prameya）とは、アートマン（霊魂）・身体・感官・感官の対象・思考作用・内官（意）・活動・過失・死後の生存・行ないの報い・苦しみ・解脱であると定めている。この学派によると、ヴァイシェーシカ派と同様に、無数に多くの原子が永遠の昔から存在し、不変不滅であり、それを作り出した第一原因は存在しない。それらが合して自然世界を成立せしめているという。ただ元素としては地・水・火・風のほかに虚空を立てて五つとしている。アートマンは身体・感覚作用とは異なった別に存在するものであるといって、アートマンの存在を積極的に論証している。『ニヤーヤ・スートラ』が世界主宰神（īśvara）を認めていたかどうかについては、学界で若干の異説がある。もし認めていたとしても、それは各個我に苦楽の果報をさずけるものとしてであって、世界創造神としてではない。しかしのちのニヤーヤ学派では主宰神は非常に重要な観念となった。

人生は「苦」に悩まされているが、それは何故であるかというと、人間が「生存」しているからである。その人間の生存は人間が「活動」を起こすことにもとづく。さて人間の活動は諸々の「欠点」すなわち貪欲・嫌悪等にもとづいて起こるが、それらの欠点は「誤れる知」(mithyājñāna) にもとづいている。故に人間に起こる苦しみの根源をつきつめて行くと、結局「誤れる知」が苦しみの起こる究極の根源であることを知り得る。したがってこの根本的な誤った認識を除去し万有の真実相を認識したならば、おのずから苦しみを離脱することになる。これが解脱である。解脱に達した人は輪廻のきずなを脱し、何ものにも束縛されない。かかる境地に到達するためには、戒律を守り、ヨーガの修行を行なわなければならない。

ニヤーヤ学派が特に力を注いだのは、認識方法、さらに論争のしかたである。

正しい知識を得るための認識方法 (pramāṇa) には四種ある。㈠直接知覚、㈡推論、㈢類比。例えば水牛は牛のようなものであると教えられ、後に水牛の実物を見てこれが水牛なのだな、と知る場合である。㈣信頼さるべき人のことば。ヴェーダ聖典もこのうちに含まれる。ミーマーンサー学派などの語常住論に反対した点は、ヴァイシェーシカ学派と同じである。

論証がなされるに当たっては最初に〈疑惑〉(saṃśaya) がある。それは或ることがいずれか決定されていないが、しかし決定されることが望まれている状態である。そこで疑惑を解決しようとする〈動機〉(prayojana) がはたらく。動機とは、或る目的をめざして人がはたらくところのその目的である。ところでそのためには世人でも専門家でも万人が承認するところの〈実例〉(dṛṣṭānta)にもとづいて考察するのでなければならぬ。そうしてもち出される見解は〈定説〉(siddhānta)として示される。それには、⑴一切の学説の承認する定説と、⑵特殊な学説の承認する定説と、⑶他の事項を含む定説と、⑷仮説的な定説とがある。

さて論争に当たっては推論は五分作法《ごぶんさほう》と称する論式の型で示される。

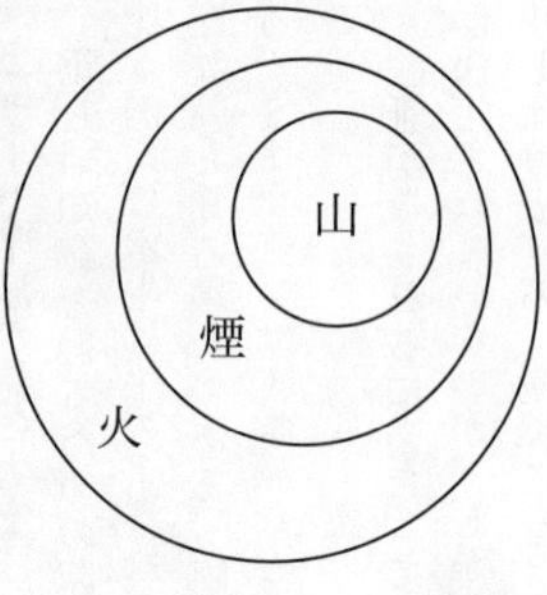

㈠主張(宗《しゅう》)かの山は火を有するものなり。

㈡理由(因)煙を有するものなるが故に。

㈢実例(喩)何ものなりとも煙を有するものは、火を有するものなり。例えば竈のごとし。

㈣適用(合)煙ある竈のごとく、かの山もまたかくのごとし。

㈤結論(結)故にかの山は火を有するものなり。


記号論理学では次のように表示することができる(αは山、ψは火、ϕは煙、xは可変値を示す)。

(1) $\psi\alpha.$ (2) $\phi\alpha.$ (3) $(x)\phi x.\supset\psi x.$ (4) $\phi\alpha.\supset\psi\alpha.$ (5) $\psi\alpha$ の確認。

要約。――$(x)\phi x.\supset\psi x : \phi\alpha\supset\psi\alpha.$

ところで論争の実際に当たっては、或ることがらの真相が知られていないときに、理由を根拠として、理由があてはまるかどうかを考えて、その真相を知るために熟思を行なう。それが〈熟考〉(tarka 思弁)である。そうして熟考した結果、互いに矛盾している主張と反主張とのうち、いずれか一方にことがらを確定する。それが〈決定〉(nirṇaya)である。

そうして主張者(立者《りっしゃ》)と反対主張者(敵者《じゃくしゃ》)とがそれぞれ五分作法に従って対論するに至る。それを〈論議〉(vāda)という。その五分作法による論議に不正の入りこんだものを〈論争〉(jalpa)という。五分作法を立てないで相手の立論を非難することを〈論詰〉(vitaṇḍā)という。立論するに当たって誤った理由を提示することがある。それを〈誤った理由〉(似因《じいん》 hetvābhāsa)という。相手の主張者の語を曲解して非難することを〈詭弁〉(chala)といい、主張者が正しく論証したことを反対主張者が不正に非難することを、〈誤った非難〉(jāti)という。そうして誤解と不理解とによって論争に敗北することを、〈敗北のところ〉(nigraha-sthāna)という。

この学派では以上のような教説の全体を認識方法・認識対象・疑惑・動機・実例・定説・支分・熟考・決定・論議・論争・論詰・誤った理由・詭弁・誤った非難・敗北の十六項目にまとめて微細な点まで論じている。

(1)　宇井伯寿『仏教論理学』(新版、大東出版社、昭和四十一年)。宇井伯寿・渡辺照宏「印度の論理学」(理想社『世界精神史講座』所収。初学者に適する明快な解説)。松尾義海『印度の論理学』弘文堂、昭和

二十二年。宮坂宥勝『ニヤーヤ・バーシュヤの論理学』（山喜房仏書林、昭和三十一年）。＊『インド思想の諸問題』五二九―六〇二頁。

六　ヴェーダーンタ学派

ヴェーダーンタ学派は後代のインドにおいて最も影響力の大きかった哲学学派である。ウパニシャッドを含むヴェーダ聖典の編纂がいちおう終わってから、多数の解釈学者たちが現われて、ヴェーダ聖典の中の意義不明な個所あるいは教学上の多くの問題について種々の説明を下したが、かれらは漸次哲学的な問題に沈潜するに至った(1)。かれらのうちで最も有名な学者はジャイミニ（Jaimini 前二〇〇―一〇〇年ころ）とバーダラーヤナ（Bādarāyana 前一〇〇―一年ころ）とである。前者は後のミーマーンサー学派の開祖、後者は後のヴェーダーンタ学派の開祖とみなされるに至った。

インドでは一般にヴェーダ聖典全体を祭事部（karma-kāṇḍa）と知識部（jñāna-kāṇḍa）とに大別する。前者はバラモン教の祭祀を説いている部分であって、主としてヴェーダの本集ならびにブラーフマナ一般がこれに相当する。後者は宇宙万有に関する哲学的考察を説いている部分であって、主としてウパニシャッドがこれに相当する。ヴェーダ聖典の趣意に関する解釈学的あるいは体系的研究をミーマーンサー（Mīmāṃsā）と称するが、祭事部に関して祭事ミーマーンサー（Karma-mīmāṃsā）の学問が成立してミーマーンサー学派を発展せしめ、また、知識部に関してその趣意を探求することからブラフマ・ミーマーンサーすなわちヴェーダーンタ（Vedānta）の学問が成立してヴェーダーンタ学派を発展せしめた。[2]

この両学派の学問は相合して、正統バラモンの哲学の全体を構成し、しばしば同一人が両方を兼学していたが、当時の学者はおのずから両者のうちいずれか一方を重視したために、両学派が分立するに至ったのである。人生の究極の目的をジャイミニは「祭祀の実行」であるとしたが、バーダラーヤナは「解脱」であるとし、それはブラフマンの認識から起こると説いた。

当時、個我と最高我との関係が問題とされた。アーシマラティヤ（Āśmarathya 前三世紀？）は、最高我と個我とは根本原質とその開展物との関係にあり、あたかも火と火花とのごとくであると説いた。アウドゥローミ（Auḍulomi 前三世紀？）は、個我は身体をもっている間は最高我とは異なるものであるが、しかし修行によって明知を得た人が死後に身体から脱出して完全な解脱を得たときには個我は最高我と一体になると解した。またカーシャクリツナ（Kāśakṛtsna 前三五〇―二五〇年ころ）は、最高我は個我としての状態によっても存在すると主張した。

ヴェーダーンタ学派の根本経典『ブラフマ・スートラ』（Brahma-sūtra 別名 Vedānta-sūtra）は四〇〇―四五〇年ころに現形が編纂されたが、それは従前の諸解釈あるいは諸説を要約・整理・批判して一つの体系に組織したものであり、その後のヴェーダーンタ哲学発展の基礎となった。ところで、スートラ自体の文句が非常に簡潔であり、それだけでは意義内容を伝え得ないので、註解を必要とした。このスートラに対しては後代に多数の註釈が著わされたが、古い註解書は散佚し、現存最古のものはシャンカラ（八世紀前半）の註解書であり、それに続くものはバースカラ（七五〇―八〇〇年）のものであるが、ラーマーヌジャはじめのちのヒンドゥー教諸派の開祖たちはみな、それぞれ独自の立場から註釈を著わしている。それらの内容は非常に相違している。

いま『ブラフマ・スートラ』の原意と思われるものについてみると、上層三階級の人々のみがブラフマンの明知に与かる資格がある。人間の思索あるいは理論は確実な基礎を有しないものであり、ブラフマンの知識に関してはヴェーダ聖典が根拠なのであるが、理論も聖典と並んで正しい知識の根拠となりうる。

絶対者はブラフマンであり、諸聖典の説明の文句は種々異なっているが、それらの趣意はいずれもブラフマンを教えることにある。それは最高者とも呼ばれ、人格的存在・純粋の精神的実体・純粋の有であり、常住・遍在・無限・不滅である。万有の生起と存続と帰滅との起こるもとのものであり、万有の母胎である。ブラフマンは世界の質料因であるとともに、世界創造を思念し実行する人格的な行動主体である。現象世界の多様なる様相を成立せしめるためには、創造者は語を思い浮かべて活動を起こす。世界創造の目的はブラフマンの単なる遊戯にすぎない。現象世界は世界原因と不異である。世界が開展するときには、ブラフマンから虚空が生じ、虚空から風、風から火、火から水、水から地が生起する。この五元素が現象世界をつくり出す。五元素がブラフマンのうちに帰入するときには、それと逆の順序で行なわれる。世界の創造・存続・帰滅の過程は無限に繰り返される。個我はブラフマンの「部分」であり、それと別異、かつ不異であるが、無始以来の流転輪廻を続けている。

人生の目的は解脱であるが、それはブラフマンとの合一である。明知を得た個我は死後に神路を進んで、最後にブラフマンに達する。ブラフマンと合一すると、諸々の個我は無区別となるが、単に意欲するのみで願望を達する。

（1）学派成立の事情については『初期のヴェーダーンタ哲学』一四六頁以下、一五五頁以下。『ブラフマ・スートラの哲学』一―七八頁、八一頁以下。G. Thibaut: The Vedānta-sūtras with the Commentary by Saṅkarākārya, SBE. vol. XXXIV, Oxford 1890, Introduction（最初の批評的研究）。V. S. Ghate: Le Vedānta, étude sur les Brahma-sūtras et leurs cinq Commentaires, Paris 1918. ditto: The Vedānta, Poona 1926（前掲書の改訂英訳）。

（2）ヴェーダーンタ学派すなわちブラフマ・ミーマーンサーの学問はまた〈後ミーマーンサー〉(Uttara-mīmāṃsā) ともよばれる。それは祭事ミーマーンサーすなわち〈前ミーマーンサー〉を前提としているからである。

七　ことばの形而上学（バルトリハリ）

文法学派[1]はバルトリハリ（Bhartṛhari 五世紀後半）によって復興された。かれは文法学をヴェーダーンタ哲学によって基礎づけている。かれはガンジス河流域の中インド、特にアヴァンティ（Avanti）地方の人であったらしいが、在家の生活と出家の生活との間を七度往復し、いずれにも徹底し得なかったという伝説がある。

著　書
『文章単語篇』（Vākyapadīya）
『大註解書解明』（Mahābhāṣyadīpikā）（パタンジャリの『大註解書』に対する註釈）
『バルトリハリ百頌篇』（Bhartṛhariśataka）

最後のものは抒情詩集であり、豊富な詩藻と優雅な詩句とのゆえに古来愛誦されているが、文法学者たるかれの著であるかどうかは疑問である。

かれは表面的には徹底した保守主義者であり、論理にもとづく自由な思索を排撃した。かれによると、推論は成立し得ない。第一に推論は推論に必要な三概念（S、M、P）の間に周延関係が成立している場合にこそ可能なのであるが、この普遍妥当なる周延関係（vyāpti）は現実においては存在し得ない。何となれば、諸々の事物のおかれている状態・場所・時間の異なるに従って、それらの事物の可能力が異なるからである。例えば水は雪国では冷たく感ぜられるが、熱せられた鍋等においては熱く感じる。第二に万人が承認する意見というものはあり得ない。諸々の哲人の所説は矛盾し対立している。こういう相対論ないし懐疑論の立場から結論を導き出す。——われわれは世間の何ものにもたよれないから、古来の聖典のみが根拠となるべきである。かれはヴェーダ聖典ないし文法学の伝統を絶対に擁護することを標榜した。

かれによると、絶対者ブラフマンは常住な実体であり、空間的・時間的規定を超越しているからである。それは相互に依存関係にある一と異、有と無というような対立的観念を超越しているから、ことばを以て表示することができない。有が無となり、また無が有となることもないから、変化一般が否定されねばならない。しかしそれはまた絶対者であるが故に現象界の差別相・多様相を成立せしめる基体でもある。ところでそのことが可能であるのは、ブラフマンが語より成るものであるからである。

語と意味との結合関係は常住不変であるが、語の本体は単なる音声ではなくて、スポータ(sphoṭa)と呼ばれるものである。スポータは音声によって開顕され、意味を顕現するところのものである。それは音声の生滅変化を超越していて常住であり、単一不可分である。単語の表示する意味は類にほかならないが、その類は単なる抽象的概念ではなくて、客観的実在性を有するものである。類はそれを包摂する上位の類に対しては特殊者であるから、上位の類に対するその関係を遡及してゆくと、終局においては「有性」(sattā)に帰着する。したがって一切の語の意味は結局その本体においては有性にほかならず、無内容であるが、しかしそれに種々の添性（upādhi）の内容的限定を受けて種々の類を成立せしめている。有性のみが真実なる絶対者であり、類を類として成立せしめる所以のものは非真実であるから、いかなる概念でも一般に普遍者に対しては非真実であり、特殊者に対しては真実である。非真実とは真実の欠如態にすぎず、両者の間に区別は存在しない。

人間の活動は語にもとづいて行なわれる。語の本性を理解せしめ語の正しい用法を教えるところの文法学は解脱への門である。

（1）＊『ことばの形而上学』（昭和三十一年、岩波書店）。

八　叙事詩の完結とプラーナ聖典

この時代の社会に身分制が確立し、バラモンの社会的優越性が認められると、叙事詩もおのずからその線に沿って改変せられた。西紀四〇〇年ころに『マハーバーラタ』がほぼ現形のごとくにまとめられた。

叙事詩の要素をさらに発展させて成立したのがプラーナ[1]（Purāṇa）聖典である（「古譚」「古伝話」の意）。プラーナはヒンドゥー教の聖典であり、現代インドの民間信仰と極めて密接な関係がある。スータ（sūta）と呼ばれる放浪遍歴の吟誦詩人たちによってつくられ、寺院や霊場などで吟詠せられた。プラーナの主題は普通は㈠宇宙の創造、㈡宇宙の破壊および再建、㈢神々および聖仙の系譜、㈣人祖マヌ（Manu）に支配される莫大な期間、㈤日種および月種に属する王朝の歴史、の五項目であるといわれている。現在プラーナの代表的なものは十八種伝わっているが、前述の五項目の記述を含み、あるいは一部を省略し、そのほかに多数の神話伝説を包蔵し、また哲学・宗教・祭式・習俗・政治・法制・天文・医学・兵学等に関する議論をも含んでいる。特にヴィシュヌ神あるいはシヴァ神を讃嘆する趣意の文章が多い。

最も古いプラーナ聖典は恐らく『ヴァーユ・プラーナ』（Vāyu-purāṇa）の一部（西紀二七五年以前）であろうが、特に重要なのは『ヴィシュヌ・プラーナ』（Viṣṇu-purāṇa）と後代の『バーガヴァタ・プラーナ』（Bhāgavata-purāṇa）とである。後者は神に対し専念せる信愛（ekāntabhakti）を説いているが、恐らく十世紀にタミル地方でつくられたらしい。『内観的ラーマーヤナ』（Adhyātma-Rāmāyaṇa）も或るプラーナ聖典（Brahmāṇḍapurāṇa）の一部と見なされているが、不二一元論哲学の影響を受けているという点で興味深い。

ヴィシュヌ神の救済の意義が高調されるとともに、ヴィシュヌの化身《けしん》（権化《ごんげ》 avatāra）の思想が強調されるに至った。化身の数は一定していないが、特に代表的なのは十の化身の説で、ヴィシュヌは⑴魚、⑵亀、⑶野猪、⑷人獅子、⑸こびと、⑹斧をもてるラーマ（Paraśurāma）、⑺ラーマ王子、⑻牧童クリシュナ、⑼ブッダ（仏陀）、⑽英雄カルキ（Kalki）としてこの世に現われ、信仰ある善人を救い、悪人を破滅せしめるという。

すでに叙事詩『ハリヴァンシャ』においてヴィシュヌ神とシヴァ神とは同一神の別名にほかならぬという見解が表明されているが、この時代前後のプラーナ聖典および文芸作品には三神一体（trimūrti）の説が述べられている。宇宙の最高原理が梵天（Brahmā）として世界を創造し、ヴィシュヌとしてこれを維持支配し、シヴァとしてこれを破壊するという（異説もある）。

（1）プラーナについては W. I, p. 517 f.; ERE. X, p. 447 f.; その哲学説に関しては、Dasg. III, p. 502 f. 神話に関しては*「神話と伝説」（辻直四郎編『印度』三六九頁以下）。

第二節　仏　教

一　伝統的・保守的仏教諸派の組織化

グプタ王朝の集権的国家体制がバラモン教的思想を主軸として思想の固定化・体系化をめざしていた情勢に応じて、伝統的・保守的仏教諸派も体系的綱要書を著わし、当時の社会の公用語であったサンスクリット語を採用している。当時幾多の綱要書が作成されたが、後世最も重視されたのは、ヴァスバンドゥ（Vasubandhu 世親《せしん》、天親《てんじん》、約三二〇―四〇〇年ころ）の『阿毘達磨倶舎論《あびだつまくしゃろん》』[1]（Abhidharmakośa）である。かれはカシュミールに入って『大毘婆沙論《だいびばしゃろん》』を学んでこの書を著わしたが、暗に経量部の立場に立って有部の学説を批判的に扱ったと言われている。そこで正統有部の学僧の不満を買った。衆賢は『阿毘達磨順正理論《あびだつまじゅんしょうりろん》』八十巻（一名『倶舎雹論《くしゃばくろん》』）をつくって、ヴァスバンドゥの解釈を攻撃し、また別に『阿毘達磨顕宗論《あびだつまけんしゅうろん》』四十巻を著わした。

経量部から出た一つの発展説として訶梨跋摩《かりばつま》（Harivarman 三―四世紀）の『成実論《じょうじつろん》』[2]がある（シナ・日本の成実宗《じょうじつしゅう》はこれにもとづく）。四種の真理（四諦《したい》）の説のまとめかたに従って論述し、個人存在とそれを構成している要素がともに空であるということ（人法二空《にんぼうにくう》）を説く。諸法を分類して五位八十四法を立てるが、それは俗諦《ぞくたい》の上で仮りに設けた説であり、第《だい》一義《いちぎ》諦《たい》からみれば空であると説く。

セイロンに伝わる上座部では、パーリ語の聖典を伝持し註解研究していた。ブッダゴーサ（Buddhaghosa）がインド本土からセイロンに来て、大精舎に伝わる三蔵の諸註釈をパーリ語に書き改めつつ、みずから註釈を作った（四一五―四五〇年ころ）。また上座部の教義を組織的にまとめて『清浄道論』[3]（Visuddhimagga）を著わした。

（1）〔註釈つき原典〕佐伯旭雅『冠導阿毘達磨倶舎論』。〔飜訳〕木村泰賢国訳（『国訳大蔵経』所収）、西義雄国訳（『国訳一切経』所収）、〔研究〕一一二頁以下、一三一頁以下にあげた研究文献参照。なお舟橋

一哉『業の研究』（法蔵館、昭和二十九年）。〔解説〕梶川乾堂『倶舎論大綱』明治四十四年、高木俊一『倶舎教義』大正八年、舟橋水哉『倶舎論講義』（『大蔵経講座』）、昭和八年、斎藤唯信『倶舎論頌講話』大正九年。山口益・舟橋一哉『倶舎論の原典解明』（法蔵館、昭和三十年）。

(2) 宇井伯寿国訳『成実論』（『国訳一切経』所収）、同『仏教汎論』上、二七八―二九五頁。

(3) 水野弘元訳『清浄道論』（『南伝大蔵経』第六十二―六十四巻）。なお石黒訳（東洋文庫）、長井『解脱道論と「ヴィスッディマッガ」との対照研究』（『根本仏典の研究』所収）。水野弘元『パーリ仏教を中心とした仏教の心識論』（山喜房仏書林、昭和三十九年）。

二　大乗仏教の哲学体系

従前の大乗仏教（中観説をも含めて）には哲学思想はあったけれども、理論的体系をもたなかった。ところがグプタ王朝時代になると、時代一般の体系化的風潮に歩みを揃えて大乗仏教も理論的体系を構成し、またサンスクリットで著作を行なうに至った。そうして学系が確立するに至った。

㈠唯識説

中観哲学は諸々の事物（諸法）の空であることを種々なる論法を以て論証したが、何ら体系的な哲学説を立てなかった。しかしわれわれの現実存在が何故にかくのごとき秩序に従って成立しているのであるか、その所以を一定の体系的原理にもとづいて組織的に説明したのが唯識派(1)（Vijñānavādin）である。唯識派をヨーガ行派（Yogācāra）ともいう。(2)ヨーガの行によって唯識の理を観ずるからである。

唯識説はすでに『解深密経《げじんみっきょう》』(3)や『大乗阿毘達磨経《だいじょうあびだつまきょう》』(4)のうちに説かれているが、唯識派の開祖はマイトレーヤ（Maitreya-nātha 約二七〇―三五〇年）である。後世の伝説においては、かれは弥勒《みろく》菩薩と同一視せられた。(5)

著書

1　『瑜伽師地論《ゆがしじろん》』百巻　玄奘《げんじょう》訳(6)（＝Yogācārabhūmi）。
　そのうちの一部 Bodhisattvabhūmi『菩薩地持経《ぼさつじじきょう》』十巻、北涼　曇無讖《どんむしん》訳。
　『菩薩善戒経《ぼさつぜんかいきょう》』九巻、劉宋　求那跋摩《ぐなばつま》訳。
2　Mahāyānasūtrālaṅkāra(7)『大乗荘厳経論《だいじょうしょうごんきょうろん》』十三巻、唐　波羅頗蜜多羅《はらばみたら》訳。
3　Madhyāntavibhāga『中辺分別論《ちゅうべんふんべつろん》』二巻、陳　真諦《しんだい》訳。
4　Abhisamayālaṅkāra(8)（『現観の荘厳』）。
5　Dharmadharmatāvibhaṅga(9)（『法と法性との弁別』）。

なお、Mahāyāna-uttaratantra-śāstra（『究竟一乗宝性論《くきょういちじょうほうしょうろん》』勒那摩提訳）は、チベットの伝説によると、マイトレーヤの書であるが実は堅慧（Sāramati 約四二〇―五〇〇年）のものである。

マイトレーヤの教えを受けて唯識《ゆいしき》説を組織的に論述したのがアサンガ（Asaṅga 無著《むじゃく》、無着、約三一〇―三九〇年）である。

著書

1　『摂大乗論《しょうだいじょうろん》』二巻（後魏　仏陀扇多《ぶっだせんた》訳）、三巻（陳　真諦訳）、三巻（唐　玄奘訳）（世親の註釈とともに、隋　笈多等訳[10]）。

2　『六門教授習定論《ろくもんきょうじゅじゅうじょうろん》』[11]一巻、唐　義浄訳。

3　『順中論《じゅんちゅうろん》』二巻、元魏　瞿曇般若流支訳。

4　『金剛般若経論《こんごうはんにゃきょうろん》』[12]。

5　『顕揚聖教論《けんようしょうぎょうろん》』。

6　『大乗阿毘《だいじょうあび》達磨《だつま》集論《じゅろん》』。

アサンガの弟にヴァスバンドゥ（前出）がいる。始めは小乗仏教を研究して『倶舎論《くしゃろん》』を著わしたが、のちに兄アサンガの指導に従って大乗教に帰依し多数の著書を著わした。

著書[13]

1　『唯識《ゆいしき》二十論』[14]一巻。

2　『唯識《ゆいしき》三十頌《じゅ》』[15]。

3　『大乗成業論《だいじょうじょうごうろん》』[16]一巻、玄奘訳。

4　『大乗百法明門論《だいじょうひゃっぽうみょうもんろん》』一巻、玄奘訳。

5　『大乗五蘊論《だいじょうごうんろん》』一巻、玄奘訳。

6　『仏性論《ぶっしょうろん》』四巻、真諦訳。

7　『止《し》観門論頌《かんもんろんじゅ》』一巻、義浄訳。

8　『中辺分別論』『大乗荘厳経論』『摂大乗論』『顕揚聖教論』『六門教授習定論』に対する註釈（既出）。

9　『法華経』『無量寿経』『十地経』『宝髻経』『勝思惟梵天所問経《しょうしゆいぼんてんしょもんぎょう》』等の諸経典およびアサンガの『金剛般若経論』などに対する註釈。

唯識説によると、人間の現実存在を構成している諸々の法は実有ではなくて、その実相は空である。しかしただ無差別一様な空という一つの原理に従って一定の秩序ある現実の差別相が現われて来るということは有り得ない。諸々の法が現にあるがごとくに成立するためには、それぞれ空に裏づけられた原因が無ければならない。その原因はすでに可能性の状態において存在する。それを「種子《しゅうじ》」(bīja) と呼ぶ。種子とは「法を生ずる可能力」(17)である。かかる可能力はそれ自体としては有でもなく無でもなくて空であるから、客体的なものではあり得ず、純粋の精神作用すなわち*識である。識とは対象を分別して知るはたらきである(18)。万有は識によって顕現したものにほかならぬといって、唯識 (vijñaptimātratā) の説を主張する。あたかも夢の中で経験することと同様に、外界の対象は実在しないものであるが、識の分別のはたらきによって仮りに現し出されたものである（顕現・似現）。この動きを識体の転変という。識体が転変して三種の識を成立せしめる。第一にアーラヤ識 (ālayavijñāna 阿頼耶《あらや》識《しき》・阿黎耶識《ありやしき》) は根本識とも呼ばれ、一切の諸法の種子より成る。第二に思量のはたらきをなす識 (mano nāma vijñānam 末那識《まなしき》) はアーラヤ識をよりどころとし、それに依存して起こるが、アーラヤ識を対象として我執を起こす。すなわち我見と我癡《がち》と我慢と我愛とを伴い、これらによって汚されているから染汚《ぜんま》意《い》とも称する。第三に眼識・耳識・鼻識・舌識・身識・意識の六識であり、それぞれ色・声・香・味・触《そく》（触れられるもの）・法（考えられる対象）を認識する（あわせて八識となる）。さて人が自己の対象（所縁 alambana）を空なりとさとって実在するものを認めない場合には、心は唯識性に住する。かかる究極の境地においては無心・無得（何ものをも知覚しない）である。かかる境地に到達した修行者は生死とニルヴァーナとが異なった別のものであるとは見ないから、そのいずれにも住しない。かれは真如《しんにょ》の知慧（般若）を有するが故に生死に住することがない。また慈悲を有するが故に衆生を救うことに努め、倦むことなく、ニルヴァーナに住することもない（無住処涅《むじゅうしょね》槃《はん》）。大慈悲ある人は他人の苦しみを苦しむ人である。[19]具体的な徳目としては六度を実践する。[20]

（1）唯識説に関しては上田義文『仏教思想史研究』（永田文昌堂、昭和二十六年）、同『大乗仏教思想の根本構造』（百華苑、昭和三十二年）。

（2）日本では古来「中観」に対して「瑜伽《ゆが》」と略称するが、正統バラモン哲学の一つとしてのヨーガ派とは区別すべきである。

（3）宇井伯寿『摂大乗論研究』（岩波書店、昭和十年）、五七頁以下。野沢静証『大乗仏教瑜伽行の研究』（法蔵館、昭和三十二年）。

（4）宇井伯寿『摂大乗論研究』二八頁以下。

（5）これは宇井博士が特に力説された点である。次註参照。

（6）宇井伯寿『瑜伽論研究』（岩波書店、昭和三十三年）、宇井『印哲研』第一巻、三五五頁以下。U.

Wogihara: Asaṅga's Bodhisattvabhūmi, Leipzig 1908.

（7）山口『中辺分別論釈疏』（破塵閣、昭和十年）。

（8）『雲来文集』。W. II, p. 353 f.

（9）金倉円照「弥勒の法法性弁別論について」（『叙説』第二輯、昭和二十三年）、野沢静証『山口博士還暦記念 印度学仏教学論叢』（法蔵館、一九五五年）、八頁以下。宇井伯寿『宝性論研究』（岩波書店、昭和三十四年）。

（10）佐々木月樵『漢訳四本対照摂大乗論』昭和六年、宇井伯寿『摂大乗論研究』（岩波書店、昭和十年）。

（11）宇井伯寿『大乗仏典の研究』（岩波書店、昭和三十八年）、五六七—六〇六頁。

（12）宇井伯寿、同上、一—四八〇頁。

（13）以下に挙げた三つの書の思想については結城令聞『世親唯識の研究』上（青山書院、昭和三十一年）の中に論ぜられている。

（14）宇井伯寿『四訳対照唯識二十論研究』（岩波書店、昭和二十八年）、山口・野沢『世親唯識の原典解明』（法蔵館、昭和二十八年）、一頁以下、『雲来文集』六七八頁以下。

（15）宇井伯寿『安慧護法唯識三十頌釈論』（岩波書店、昭和二十七年）、山口・野沢、前掲書、一三三頁以下、『雲来文集』六二八頁以下、なお宇井『印哲研』第六巻参照。

（16）山口『世親の成業論』（法蔵館、昭和二十六年）。

（17）dharma-utpādana-śakti, chos skyed nus pa, Triṃśikā, p. 36, *l*. 7.

（18）vijānātīti vijñānam, ibid. p. 18, *l*. 26.

（19）kāruṇiko hi paraduḥkhaduḥkhī, ibid. p. 28, *l*. 8.

（20）『摂大乗論』入因果勝相品第四。

㈡如来蔵思想

唯識説と似た思想であるが、大乗仏教の一部の哲学者たちは、如来蔵思想を説いた。凡夫の心のうちに存している如来たり得る可能性を「如来蔵《にょらいぞう》」(tathāgatagarbha) と称し、この観念にもとづいて衆生の迷いと悟りの成立する所以を説明する思想傾向が現われた。第一期の如来蔵経典としては『如来蔵経』『不増不減経』『勝鬘経《しょうまんぎょう》』、大乗の『大般涅槃経《だいはつねはんぎょう》』『無上依経《むじょうえきょう》』『大法鼓経《だいほっくきょう》』『央掘摩羅経《おうくつまらきょう》』などがあるが、アーラヤ識思想との交流がまだ行なわれていない。第二期の典籍としてはマイトレーヤの作と考えられる『大乗荘厳経論《だいじょうしょうごんきょうろん》』、ヴァスバンドゥの『仏性論《ぶっしょうろん》』『摂大乗論釈《しょうだいじょうろんしゃく》』があり、如来蔵が組織的に述べられているが、アーラヤ識との関係が未だ明確には論ぜられていない。第三期は、『大乗起信論』によって代表されるように、如来蔵とアーラヤ識との調和を企て、如来蔵縁起説を大成した時代であり、『楞伽経《りょうがきょう》』『密厳経《みつごんきょう》』などもこの部類に属する。[1]

『大乗起信論《だいじょうきしんろん》』[2]は馬鳴《めみょう》(Aśvaghoṣa) の著とされているが、恐らく五世紀のものであろう。それは大乗に対する正しい信を起こさせることをめざしている。大乗とは*衆生心であり、*一心とも称せられる。それには心の本来の面(*心真如門《しんしんにょもん》)と心の活動する面(*心生滅門《しんしょうめつもん》)とがある。心の本来の面はあらゆるものの総体であり、不生不滅であり、変化することなく、もとより言説の相を離れ、畢竟平等である。心の活動する面とは、如来蔵という点から見て、そのように認められるのである。そうして不生不滅(の絶対界)と生滅(する相対界)とが一体をなしていて、同一でもなく異なるのでもないという点を名づけてアーラヤ識(阿《あ》黎耶識《りや》）という。その中には＊覚と＊不覚という二面があって、一切の法を摂しまた生ずるのである。ところでひとが人我見と法我見とにもとづく邪執を除くならば真如に帰し、仏の法身が現われる。

『大般涅槃経』には大我の観念が現われ、究極の境地を〈常・楽・我・浄〉として述べていて、ヴェーダーンタ哲学の影響があると考えられる。

（1）宇井伯寿『印度哲学史』四〇六頁以下、四二四頁以下、勝又俊教『宇井伯寿博士還暦記念論文集』（岩波書店、昭和二十六年）一四三頁以下、高崎直道『如来蔵思想の形成』（春秋社、昭和四十九年）参照。

（2）宇井訳註『大乗起信論』（岩波文庫、昭和十一年、または『宇井伯寿著作選集』第二巻、大東出版社、昭和四十一年）が基本的原典である。最も解り易いのは渡辺照宏訳「現代語訳　大乗起信論」（雑誌『在家仏教』第一巻一—四号）。

三　大乗仏教の社会・政治思想(1)

帝王は生ける神であるという当時の社会的通念を大乗仏教はいちおう承認したが、それを譬喩的意味に解し、国王の神性を国王としての義務の実行のうちに求め、国王の出身・素姓なども無視すべきことを教えている。『人間であろうとも、神であろうとも、ガンダルヴァであろうとも、羅刹であろうとも、チャンダーラであろうとも、人々の悪行を制止せしめる者は王である[2]』。国王といえども一個の人間であり、死の運命を免れず、地獄の責苦を受けるという。国家も永遠絶対の存在ではない[3]。真実の知慧（般若波羅蜜《はんにゃはらみつ》）の真理を国家の活動のうちに具現することによって始めて国家が栄える。国家は法を実現せねばならぬ。国王は十善を人間のうちに実現するように政治を行なうべき義務がある。『正法に従った奉仕をなすべし』。それは生きとし生けるものの利益・安楽をはかることである。政治は慈悲心にもとづいて公平に行なわれねばならない。しからば人民は王を信頼して理想的な政治が行なわれる。これに反して法の実行を怠ると国内は荒廃に帰する。

具体的な方策としては、まず他の国々に対して平和的・友交的態度をたもち、国土の安全をはかり、産業の振興を期し、特に租税の軽減と貧民および孤独の人々に対する施与を強調する。『宝行王正論《ほうぎょうおうしょうろん》』の中には厚生施設についての規定が述べられている。また国王は治安を維持して人民を保護しなければならないが、刑罰は悪人を教育して善人につくりかえるためであるから、死刑および身体を傷つける刑罰を認めなかった。また貧者の犯した罪に対しては刑罰を軽くしてやらねばならぬという。

仏教はもともと階級制度に反対して四姓平等を唱えたが、この当時にもなお抗争的態度をとっていた人々が少なくない。

〔政治思想文献〕

1　Mātṛceta: Mahārāja-Kanika-Lekha（カニカ王への書簡）。

2　Nāgārjuna: Ratnāvalī（『宝行王正論』一巻、真諦訳）。
3　『竜樹菩薩為禅陀迦王説法要偈』一巻、宋　求那跋摩訳（他に異訳二本あり）。
4　弥勒『王法正理論』一巻、玄奘訳。
5　『金光明経』（Suvarṇaprabhāsa-sūtra, Rājaśāstraparivarta XIII）。
6　その他約六種の典籍。

〔社会思想文献〕

1　Āryadeva: Cittaviśuddhiprakaraṇa.[4]
2　Aśvaghoṣa: Vajrasūcī[5]（法称『金剛針論』一巻、宋　法天訳）。

（1）以下については*『宗教と社会倫理』三〇六頁以下、三三七—四二一頁による。なお、大野信三『仏教社会・経済学説の研究』（有斐閣、昭和三十一年）、参照。
（2）以下に Suvarṇaprabhāsa XIII, 13; XIII, 64 を引用した。
（3）特に『仁王般若経』で強調する。*『宗教と社会倫理』三一七頁以下。
（4）山田竜城「心障清浄論」（雑誌『文化』第三巻第八号、昭和十一年八月）。
（5）中村元訳（日印文化協会『インド文化』第二号、昭和三十五年、二三一—四〇頁）。

第三節　ジャイナ教

一　ジャイナ教学の体系化

白衣派の経典をアンガ（Aṅga）と称し十二種あったが、その中で第十二のものは西紀五世紀ころに失われ、他の十一種が六世紀中葉に文字に書せられた。

この時代には、他の諸宗教の傾向に対応して、ジャイナ教のほうでも教義綱要書を作製する傾向がいちじるしくなった。(1) その代表的なものはウマースヴァーティ（Umāsvāti または Umāsvāmin 五―六世紀、白衣派）の『真理証得経』（Tattvārthādhigama-sūtra）である。かれは正見と正智と正行とによって解脱が得られるといい、正見とは七つの真理を信ずることであるという。また空衣派のクンダクンダ（Kundakunda 四―五世紀）も幾多の綱要書を著わした（Pañcāstikāyasāra, Samayasāra, Pravacanasāra etc.）。

ほぼこの時代に七句表示法（saptabhaṅginaya）が成立した。いかなる事物でも、いずれか或る点からみれば、㈠有り、㈡無し、㈢有り且つ無し、㈣言い表わされず、㈤有り且つ言い表わされず、㈥無し且つ言い表わされず、㈦有り且つ無し且つ言い表わされず、という七つの表示のしかたが成立するというのである。また、シッダセーナ・ディヴァーカラ

(Siddhasena Divākara 約五〇〇―七〇〇年の間）は『論理への入門』(Nyāyāvatāra）を著わしたが、ジャイナ教の学者はそののち論理学には特別の関心をもつようになり、多くの書をのこしている。

（1） 金倉円照『印度精神文化の研究』（培風館、昭和十九年）、鈴木重信『耆那教聖典』六五頁以下。

第八章　諸王朝分立時代における諸学派の継続的発展

一　諸王朝の分立

グプタ王朝は五世紀末葉に衰微し崩壊した。四八〇年ころからフン族（匈奴 Hūṇa）が侵入して来てインド文化を破壊したが、五三三年にヤショーダルマン（Yaśodharman）王に破られた。しばらくインドは四分五裂の状態に陥っていたが、ハルシャ王（Harṣa, Śīlāditya 戒日王《かいにちおう》、六〇六―六四七年統治）が出て北方インド一帯を統一し、曲女城（Kānyakubja, Kanauj）に都して文運を興隆せしめた。ハルシャ王自身が文人であり戯曲を残しているほどであるが、かれの治下のインドの実情は、宮廷詩人バーナ（Bāṇa）の『ハルシャ王行伝』(1)（Harṣacarita）と玄《げん》奘《じょう》三蔵の旅行記『大唐西域記《だいとうさいいきき》』によって知られる。

ハルシャ王の歿後インドは再び分裂状態に陥った。カナウジにはプラティハーラ（Pratihāra）王朝がつづいた。デッカン高原ではチャールキヤ（Cālukya）王朝と南端のパッラヴァ（Pallava）王朝とが主要なものであった。これらの王朝の保護のもとに南インドには、現存するような巨大なヒンドゥー寺院(2)が多数つくられたのである。また、ビハールやベンガルではパーラ（Pala）王朝（約七三〇―一一七五年ころ）、ベンガルではセーナ（Sena）王朝（十一世紀中葉―十二世紀末）が統治したが、灌漑設備の充実により民生の向上につとめ、金属加工技術が進展し、タントラ教とともに真言密教が栄えた。チベットへ密教が入ったのも、主としてパーラ王朝の統治下の地域からであった。その他諸地方には幾多の王朝の交替があったが、十世紀ないし十一世紀に回教徒の侵入があるまでは、多数の群小国家が割拠・対立し、大体同様の情勢をつづけていた。

この時代全般の特徴としては四七六年に西ローマ帝国の滅亡以後は西方との貿易が衰退し、その結果インドの貨幣とローマのそれとの等価関係（dināra ＝ denarius）も消失し、インドにおける貨幣の統一も破れ、貨幣経済が全面的に衰退した。それは社会的には商業資本の没落と萎縮をもたらし、他面、インドの停滞的な農村に基盤をおく政治的・文化的勢力が伸張することとなった。この社会的事実は、思想面においては商業資本に支持されていた仏教およびジャイナ教の衰退とバラモン教・ヒンドゥー教の全面的伸張、保守的思惟の持続となって現われた。この時代の文化は一般に停滞的であり、哲学に関しては、前の時代までに大体成立した諸学派がそれぞれの確定した教説を継続的に発展させていたにとどまり、新しい飛躍は見られない。仏教およびジャイナ教は、時には圧迫されたり寺領を没収されたこともあり、かかる時代の趨勢に妥協し適応しなければならなかった。そのために仏教では民間信仰を摂取・融合した密教が盛んとなり、ジャイナ教もヒンドゥー教の影響を受けた。また学問の方面では、バラモン教哲学における一般的哲学用語を用いて研究し論議するようになった。

（1）高楠順次郎訳『竜王の喜び』（ナーガ・アーナンダム）（世界文庫刊行会、大正十二年）、原実訳『仏典Ⅰ』所収。

（2）南インドのKāñcīpura, Madurai, Tiruvannamalai, Kanyā Kumārī (Cape Comorin) などの諸霊場に巨大な寺院が残存している。

第一節　バラモン教およびヒンドゥー教

一　諸学派の傾向

この時代にはいちじるしい思想的変化はなく、すでに成立した諸学派が自己の線を固持して、その学派の内部でのみ発展が見られる。

ヴァイシェーシカ学派では慧月《えがつ》（約五五〇―六五〇年）が『勝宗十句義論《しょうしゅうじっくぎろん》』（玄奘《げんじょう》訳）を著わした。十句義とは六句義のほかに普遍かつ特殊なるもの（*倶分）、可能力（*有能）、無能力（*無能）、無（*無説）をいう。かれは普遍を有性のみに限り、特殊を極限における特殊

（＊辺異《へんい》）にのみ限ったので、その中間者を別に立てたのである。可能力は実体・性質・運動がその結果を生ぜしめる能力であり、無能力はそれのないことである。〈無〉はこの時代から独立の原理（句義）として認められ、従来ヴァイシェーシカ学派で想定されていた六原理と併せて七原理とすることが一般に行なわれるに至った。シヴァーディティヤ（Śivāditya 十一世紀）は『七原理篇』（Saptapadārthī）を著わした。無としては普通は次の四種が立てられる。

(1) 未《み》生無《しょうむ》　或るものが現在はまだ生起していないこと。未来の有である。
(2) 已《い》滅無《めつむ》　或るものがすでに滅びてしまって現在は無いこと。過去の有である。
(3) 更互無　二つ（甲・乙）の異なったものの間において互いに他のものではないこと。例えば瓶は布ではないし、また布は瓶ではない。
(4) 畢竟無　絶対にあり得ないこと。例えば水の中に火はあり得ない。石女《うまずめ》の子というものもあり得ない。

無に関する思弁は後代のインド論理学に重大な発展をうながす契機となった。

プラシャスタパーダの『諸原理の特質の綱要』に対する註釈として、ウダヤナ（Udayana 十世紀）が『光輝の連なり』（Kiraṇāvalī）を、シリーダラ（Śrīdhara 十世紀）が『ニヤーヤの芭蕉樹』（Nyāyakandalī）を著わしたが、両人ともに七句義の説（六句義と無）、ならびに主宰神の存在を承認している。

ニヤーヤ学派ではヴァーツヤーヤナ（Vātsyāyana）の『ニヤーヤ・スートラ註解書』に対

してウッディヨータカラ（Uddyotakara 六世紀後半）が評釈書（Nyāyavārttika）を著わし、それに対して、ヴァーチャスパティミシュラが註釈（Nyāyavārttika-tātparya-ṭīkā）を著わし、それに対してさらにウダヤナが復註（Nyāyavārttika-tātparya-pariśuddhi）を著わした。なおウダヤナは『ニヤーヤの花束』（Nyāyakusumāñjali）を著わして、世界主宰神の存在を論証しているが、主宰神は特別の霊魂であり、霊魂であるという点では諸々の個我と異ならないが、永遠にして輪廻にあずからず、全知全能性があるので世界を制するものであると主張した。しかし世界創造神であるとは考えなかった。ジャヤンタ（Jayanta 十世紀）は『ニヤーヤの花房』（Nyāyamañjarī）を、バーサルヴァジニャ（Bhāsarvajña 十世紀）は『ニヤーヤ精要』（Nyāyasāra）を著わした。

ミーマーンサー学派ではクマーリラ（Kumārila 約六五〇―七〇〇年）とプラバーカラ（Prabhākara 七〇〇年ころ）とが現われて、若干の点で異なった学説を唱えた。例えば、プラバーカラは諸々の語は相互連関せる文章においてのみ意味を表示すると説いたのに対して、クマーリラは個々の語が意味を表示するとともに、また文章の意味をも理解せしめると説いた。またプラバーカラ派は無を知識根拠とは認めない。クマーリラは特に仏教を論難した。[1]後世クマーリラを祖とする系統をバーッタ（Bhāṭṭa）派といい、プラバーカラを祖とする系統をグル（Guru）派という。[2]クマーリラの弟子であるマンダナミシュラ（Maṇḍanamiśra 約六七〇―七二〇年）はミーマーンサー学のみならず、ヴェーダーンタ哲学や言語哲学に関しても注目すべき書をのこしている。[3]

この時代にサーンキヤおよびヨーガに関して特に言うべきほどのことはない。

この時代の終わりになるとますます学者は観照的・回顧的となり、諸学説を註釈・解説・紹介することが、しだいに盛んとなった。だから、ヴァーチャスパティミシュラ（Vācaspatimiśra ほぼ八四一―八五〇年前後）(4)は正統バラモン系統のほとんどすべての学派の重要典籍に信頼しうる註釈を書き、また、ジャイナ教のハリバドラ（Haribhadra 九世紀）は『六派哲学集』(5)（Ṣaḍdarśana-samuccaya）を著わしたりした。かれらの叙述法は極めて客観的で公平である。

ハリバドラはいう、「教祖がわが友なのではない。他の人々がわが敵なのでもない。われはマハーヴィーラに与するのでもなく、カピラなどに対して憎悪を懐くのでもない。教えの正しき人に従おうと欲する」(6)と。

鋭い批判的態度も決して欠けていたのではない。ジャヤラーシ（Jayarāśi 八世紀）の著わした『真理の侵犯の獅子』（Tattvopaplavasiṃha）は唯物論的立場から論述されている往昔のインドの唯一の書であるが、その基本的立場は徹底した不可知論ないし懐疑論であった。

（1） インド一般の仏教論難に関しては*『インド思想の諸問題』五一一―五二八頁。
（2） クマーリラはシャバラスヴァーミンの註解書に対して、部分ごとに次の三つの評釈書を著わした。Ślokavārttika, Tantravārttika, Tupṭīkā.
（3） かれの著書としては、Vidhiviveka, Mīmāṃsānukramaṇikā, Bhāvanāviveka, Sphoṭasiddhi,

Brahmasiddhi がのこされているが、近年これらについての研究が盛んになった。

（4）*『初期のヴェーダーンタ哲学』八六頁以下、ただし Hacker (Festschrift Schubring, S. 169) はかれの活動年代を九七〇―九八〇年ころとする。金倉円照『宗教研究』新、第十四巻第一号、六四頁以下。

（5）ここで六派とはジャイナ教のほかに仏教・ニヤーヤ・サーンキヤ・ヴァイシェーシカ・ジャイミニ説をいう。

（6）W. II, p. 583 (Gesch. d. Ind. Lit. II, S. 353).

二　ヴェーダーンタ哲学の発展(1)

『ブラフマ・スートラ』が成立してからシャンカラが出現するまでに、ヴェーダーンタ学派は複雑な発展のあとを示しているが、現在まで名の判明している学者が十人あまりある。ウパヴァルシャ（Upavarṣa 約四五〇―五〇〇年）は『ミーマーンサー・スートラ』と『ブラフマ・スートラ』と『サンカルシャナ篇』とに簡潔な註を著わしたが、いまはその断片のみが伝えられている。かれによると、アートマンは推論あるいは論証によってその存在の推知され得るものでもなく、また「聖典に説かれているから」という理由でその存在を信ずべきものでもなく、万人が自我意識によって直証し得るものである。何人にでも「自分は瘠せた」あるいは「自分は認識する」というような自我意識が存在するから、かかる意識の成立する基体としてアートマンなるものの存在を容認せざるを得ないという。[2] 多数の個我が永遠に存在して各自のなした祭祀あるいは善悪業の果報を享受すると考えていたのであろう。またかれは語とは g, au, ḥ というような個々の字音（varṇa）であると説いた。

ボーダーヤナ（Bodhāyana 五〇〇年ころ）も前掲三書に詳しい註釈を著わしたが、いまは断片のみ伝わっている。かれはヴェーダ聖典の絶対神聖性を強調した。『われわれは聖典の中に伝えられた語の意味を理解することはできるが、聖典の語について詰問することはできない』という。かれはヴェーダーンタの学問とミーマーンサーの学問とがともに正統バラモンに必要であり、両者が合して一つの教学体系を構成し、理想的な人間をつくり出すと考えた。かれは絶対者を「最高ブラフマン」と呼び、主宰神と同一視し、万有の根源と見なす。個我は粗大なる身体と微細なる身体と二種の身体を有するが、「個我の繫縛および解脱は微細なる身体に従属している」と主張した。認識の問題に関しては対象が認識を決定すると考えた。かれの思想はラーマーヌジャによって特に重んぜられた。

ドラヴィダ（Draviḍa, Dramiḍa 五五〇年ころ）によると、個我は最高我と同じ種類のものであるが、あたかも火から火花が発するように、最高我（ブラフマン、主宰神）から分かれて、この身体・感官等の密林の中に進入した。あたかも、国王のもとから連れ去られて猟師の子として育てられた王子でも、自己の本性を知れば、王のもとに戻って王子となるように、諸々の個我は、親に譬うべき主宰神に背いて存在しているから生死輪廻の苦しみを受けているが、覚醒して最高神を信仰するならば、そのまま最高神の恩寵のうちに存在すると説いた。

バルトリプラパンチャ（Bhartṛprapañca 五五〇年ころ）は若干のウパニシャッド（Bṛhad., Kāth., Īśā）に註を書いたが、散佚し、いまは主としてシャンカラの反駁を通じてその思想が知られるにとどまる。かれによると、絶対者ブラフマンは推論によっても知られ得るものである。それは識（vijñāna）であり、一面においては無差別・不二であるが、他面においては有差別・雑多である。海面に風が吹くと、海水という点では同一であるが、波浪泡沫という点では差別相を現じているようなものである。絶対者は未開展者（avyākṛta）・内制者（antaryāmin）・個我（kṣetrajña）・神格（devatā）・スートラ（sūtra 世界の根柢）・ヴィラージ（virāj 自然界の事象）・種類（jāti）・個体（piṇḍa）という八つの様相（avasthā）によって開展する。解脱に達するためには、ブラフマンの念想と行ないとを共に実修せねばならぬ。そのためには在家の生活が必要である。その修行によって死後「中間界」という金胎神の世界に至り、次いで最高ブラフマンに帰一すると考えた。

その他タンカ（Taṅka 別名 Brahmānandin 五〇〇―五五〇年ころ）、シュリーヴァツァーンカ（Śrīvatsāṅka 六〇〇年ころ）、ブラフマダッタ（Brahmadatta 六〇〇―七〇〇年ころ）などの学者が現われ、シャンカラの先駆者としては、スンダラパーンディヤ（Sundarapāṇḍya）、ガウダパーダ、ゴーヴィンダ（Govinda 六七〇―七二〇年ころ）がいた。

ガウダパーダ（Gauḍapāda 六四〇―六九〇年ころ）の著わした『マーンドゥーキヤ頌(3)』（Māṇḍūkya-kārikā）は『マーンドゥーキヤ・ウパニシャッド』の趣意を闡明《せんめい》するために書かれ

たものであり、別名『聖伝書』（Āgama-śāstra）とも呼ばれ、四章二百十五頌より成る。第一聖伝（Āgama）章はマーンドゥーキヤ・ウパニシャッドに説かれたアートマンの四位、すなわち普遍位（Vaiśvānara）・光明位（Taijasa）・知慧位（Prājña）・第四位（Caturtha）を比較説明し、聖音オーム（om 唵）を念じて修行すべしと説く。第二虚妄（Vaitathya）章は、われわれが夢の中で経験する事物が虚妄であるように、覚醒時に経験する現象世界も同様に虚妄であると説き、アートマンに関する異説を排斥し、現象界の差別相を否定し、聖者の実践修行を述べる。第三不二（Advaita）章では、大我を虚空に、個我を瓶の中の空間に譬え、両者が本来不二なることを論じ、次に、ウパニシャッドの中に種々異なった教えが説かれているように見えるが、それは実は真理を悟らせるための仮りの方便であると説く。第四旋火寂静《せんかじゃくじょう》（Alātaśānti）章は、炬火を振って旋回すると闇の中に種々の相が現ずるように、一切の現象は識が転変して仮りに現われたものにすぎないとて、万有の不生不滅を論じ、因果を否定する。この書に説かれている特徴的な実践は無触ヨーガ（asparśayoga）と呼ばれている。いかなる対象も実在ではなくて仮現であり、一切は無差別平等であると観ずる禅定を指していう。この立場に立つと何ものとも矛盾せず、かえって一切の異端説の存在意義を認めることができる。全篇を通じて仏教の影響の著しいことで有名であり、ことに後の章ほど中観・唯識両派の術語・譬喩・論法が盛んに現われて来る。

シャンカラ[4]（Śaṅkara 約七〇〇―七五〇年）は、しばしば過去のインドにおける最大の哲学者と称せられるが、それは、かれの学系が中世以後のインド思想界において圧倒的な勢力を保持しつづけて来た事実にもとづく。[5] かれの伝記と称せられる書が少なくとも十一種伝わっているが、いちじるしく伝説・神話に彩られている。ともかくかれは南インド（Kerala）に生まれ、ヴェーダを学習し、遊行者として諸地方を遍歴し、種々の奇跡を現じ、シュリンゲーリ（Sringeri）などに僧院を建設し、多数の書を著わし、最後に北方インドで死んだという。かれは当時の諸国家の対立や社会的諸事象に拘わることを好まず、古来のウパニシャッドの精神的伝統の維持擁護者としての立場をとっていた。かれは農村・山村における指導者とくにバラモンを相手とし、都会人の生活をほとんど無視していた。[6]

かれに帰せられている著書は非常に多いが、主要なものは次のごとくである。

1　『ブラフマ・スートラ註解』[7]（Brahmasūtra-bhāṣya）
2　諸ウパニシャッドに対する註解書（Bṛhadāraṇyakopaniṣad-bhāṣya その他）[8]
3　『バガヴァッド・ギーター註解書』[9]（Bhagavadgītā-bhāṣya）
4　『五元素の分離結合』[10]（Pañcīkaraṇa）
5　『自覚』（Ātmabodha）
6　『教示の千詩篇』（Upadeśasāhasrī）
7　『問答宝鬘』[11]（Praśnottararatnamālikā）

かれは不二一元論[12]（advaita）を主張した。絶対者ブラフマンはいかなる限定をも許さぬ絶対無差別の実在であり、最高我とも呼ばれる。それは部分を有せず、変化せず、永久に存在する。個我はその本体においては最高我と全く同一のものである。何人といえどもアートマンの存在を意識しているが、そのアートマンはブラフマンにほかならない。ところでブラフマンが現実の経験世界において個別的な多数の個我となって現われ出ているのは、無明《むみょう》（無知 avidyā）に由来する。それは、各個我を自己中心的な行動主体として成立せしめている先天的原理である。それは、純粋知を眩まし迷わすはたらきがあり、輪廻の原因となっている。現象界の多様相・差別相も無明にもとづいて成立しているのであり、勝義において存在するものではない。それは幻（māyā）のごときものであり、仮りに現われている虚妄なるものにすぎない。真の実在は唯一にして不二（advaita）なるものである。世界創造は主宰神（īśvara）によってなしとげられたものであるが、主宰神はブラフマンが無明の制約を受けて成立したものにほかならない。かかる無明は有とも無とも定め難いもので、ブラフマンに沿って存立している一種の原理である。

この無明はアートマンの本性を直観することによって滅ぼされる。すなわちアートマンは身体や諸機官とは別のものであるということを知り、個我が実は最高我と同一であり、現象世界は実在しない虚妄のものであるということを知るならば、その明知（vidyā）によって解脱が起こり、一切の苦悩を消滅することとなる。完全な解脱の境地においては個我はブラフマンと合一し、その個別的存在を失う。

かくて、ブラフマンには二種ある。無属性なる最高ブラフマン（ブラフマンそのもの）と、無明と結合して種々なるかたちを現じている有属性なる低きブラフマンとである。それに対応して、明知にも最高の明知と低き明知との二種がある。低き明知によって漸進解脱

(kramamukti) が得られ、高き明知によって完全な解脱が得られる。高き明知を得ても、過去からの業の影響力の存する限りは身体が存続しているが、業の果報が滅すると身体も死滅し完全な解脱が得られる。

ガウダパーダやシャンカラの思想、あるいはそれに類した学説はインド一般にマーヤー説 (māyāvāda) あるいは仮現説 (vivartavāda) と呼ばれる。そうして、かかる思想は大乗仏教の影響を受けているために、「仮面の仏教徒」(pracchanna Bauddha) として非難されている。

シャンカラ哲学の重大難点は無明《むみょう》の問題であるが、無明の本質がシャンカラの後継者[13]の間で論議された。スレーシヴァラ (Sureśvara 約七二〇—七七〇年) は無明をもっているのはアートマン自身であり、それがアートマンと無明とに分化すると考えた。他方パドマパーダ (Padmapāda 約七二〇—七七〇年) は、無明は有とも無とも規定しがたい一種の可能力であるが二元対立を起こさせる質料因であると考えて、二元論的見解に近づいた。無明の問題は後代のシャンカラ派の内部に見解の相違を起こさせるもととなった。また、一つの個我が解脱したときに、他の個我も同時に解脱するか否かということも大きな論題となった。

のちにバースカラ (Bhāskara 七五〇—八〇〇年)[14]が出て、不一不異説に立って『ブラフマ・スートラ』を註解した。ブラフマンも雑多な現象世界もともに実在であり、ブラフマンと個我との関係は火と火花との関係に比せられるべきであるという。そして、解脱を得るためには知識のほかに行為も必要であると主張した (知行併合説)。

仏教や不二一元思想の影響を受けた特異な書として『ヨーガ・ヴァーシシタ』

(Yogavāsiṣṭha) がこの時代に現われた。これは『ラーマーヤナ』にもとづいた書であるが、世界は神の意志にもとづいて動くものではなくて、必然 (niyati) に支配されているが、それも実は意 (manas) にもとづいているものである。世俗の実際生活のうちにとどまるべきことを主張し、樵夫や漁夫などでさえも解脱に達し得ると説いた。また、伝承説や布施や寺院の儀礼にたよることなく、自分自身を証することによって解脱が得られる。たとい聖典の説であっても、理に合わないことに従ってはならぬ、と説く。ときには世俗の掟に反抗して恋愛至上主義的な思想さえも認められる⑮。

(1) *『ヴェーダンタ哲学の発展』。なお前田専学『ヴェーダーンタの哲学』(平楽寺書店、一九八〇年)。
(2) インド哲学における自我の存在の自覚の問題については*『インド思想の諸問題』七六頁以下。
(3) 〔翻訳および研究〕V. Bhattacharya: The Āgamaśāstra of Gauḍapāda, Calcutta 1943. *『ヴェーダーンタ哲学の発展』二七九頁以下。
(4) 年代については*『初期のヴェーダーンタ哲学』六三頁以下。
(5) かれの重要な教説はすでに先人の所説のうちに存する。*『ことばの形而上学』四二〇頁以下。
(6) *「シャンカラ哲学の歴史的社会的立場」(『宇井伯寿博士還暦記念論文集』三三一頁以下)。
(7) 〔翻訳〕P. Deussen: Die Sūtras des Vedānta......nebst dem vollständigen Commentare des Çaṅkara, Leipzig 1887. G. Thibaut: The Vedānta-sūtras with the Commentary by Saṅkarākārya, 2 vols., 1890, 1896 (SBE. vol. XXXIV, XXXVIII). Louis Renou: Prolégomènes au Vedānta, Paris 1951. 〔研究〕P. Deussen: Das System des Vedānta......vom Standpunkte des Çaṅkara aus dargestellt, Leipzig 1883. *『ブラフマ・スートラの哲学』三八七

頁以下。
（8）金倉『吠檀多哲学の研究』（岩波書店、昭和七年）。
（9）金倉「パンチーカラナ考」（『哲学雑誌』第四十一巻、第四七五号、大正十五年九月）。
（10）金倉「「我の覚知」」（雑誌『宗教研究』新、第八巻第四号）。
（11）金倉『印度精神文化の研究』所収。
（12）かれの思想については H. von Glasenapp: Der Stufenweg zum Göttlichen. Shankaras Philosophie der All-Einheit, Baden-Baden 1948. ただしこの書は真作ではないらしい。
（13）主な研究としては P. Hacker: Untersuchungen über Texte des frühen Advaitavāda, I. Die Schüler Śankaras, A WL. Nr. 26, Mainz 1951, S. 1907 f.; Dasg. II, p. 1 f.
（14）Dasg. III, p. 1 f. *『ブラフマ・スートラの哲学』三八六頁以下。
（15）Dasg. II, p. 288 f. *『ことばの形而上学』一八〇頁以下。

三　シヴァ教の諸派

㈠カシュミールのシヴァ派

九世紀前半にカシュミールでは不二一元論の影響を受けたシヴァ教の一派が成立した。この派はもと六十四のシヴァ教聖典（Śivāgama）を遵奉していたといわれているが、ヴァスグプタ（Vasugupta 八二五年ころ）が現われてその内容を纏めて『シヴァ・スートラ』（Śivasūtra）を著わした。その弟子バッタ・カッラタ（Bhaṭṭa-Kallaṭa）は『スパンダ頌《じゅ》』（Spanda-kārikā）を著わして、その教説を体系化した。つづいてソーマーナンダ（Somānanda 九〇〇年ころ）は『シヴァの徹見』（Śiva-dṛṣṭi）を著わして、各個我は実はシヴァと同一であるのに、無知のためにその自覚を失っているから、その同一性を再認識すること（pratyabhijñā）のうちに解脱が存すると主張した。ゆえにこの学系は後世には「再認識説」とよばれる。ただ世界は虚妄ではなくて、シヴァ神の自由意志にもとづいての実際の顕現であると主張した点が不二一元派とは異なる。世界開展の次第については大体サーンキヤ説によっているが、サーンキヤ派で立てる二十五の原理の上に十一の原理を立てて総計三十六原理を説く。すなわちまず絶対者である最高のシヴァ（Parama-śiva）が、（一）純粋知なるシヴァと、（二）純粋の力である性力（śakti）とに分かれて対立する。次に、（三）サダーシヴァ（Sadāśiva）の段階において神のうちに「われ在り」という意識が現われる。（四）次にアイシヴァラ（Aiśvara）の段階において尊厳の感情が起こり、（五）サド・ヴィディヤー（Sad-vidyā）の段階において、神が自己のうちから現われ出る万物を自己と同一視する。次に、（六）その万物を主観および客観として包摂する意識が薄らいで、自己から創造された諸観念を自己から離れた独立のものと見なす妄想（māyā）が起こる。このために神は制約を受け、五種の束縛を受けて、個我となる。その五種とは、（七）時間、（八）必然、（九）愛執、（十）限られた知、（十一）限られた力である。それによって個我（プルシャ）が成立し、それに対立する根本原質（prakṛti）も現われる。この二元の対立交渉から、サーンキヤの場合のように、次の二十三の諸原理が成立するという。

この派はその後も発展し、アビナヴァグプタ（Abhinavagupta 九六〇年ころ）は四十一の著書を残したという。しかし回教の侵入とともに、カシュミール人は多く回教に改宗したので、やがて勢力を失墜した。

㈡シヴァ聖典派

シヴァ神を讃嘆したシヴァ聖典（Śivāgama）二十八種にもとづく哲学学派を、シヴァ聖典派（Śaiva-Siddhānta）という。この立場に立って、シリーカンタ（Śrī-kaṇṭha 十二世紀）は『ブラフマ・スートラ』に対して註釈（Śaiva-bhāṣya）を著わした。

シヴァ聖典派は南方インドのタミル地方でとくに発展した。タミルのシヴァ教の聖者としてはふつう六十三人を数え、南インドの寺院にはかれらの像が並べられているが、それらのうちでもとくに重要なのは、アッパル（Appar 七世紀）、ティル・ジニャーナ・サンバンダル（Tiru-jñāna-saṃbandhar 七世紀）、スンダラムールティ（Sundaramūrti 八世紀または九世紀）の三人であるが、さらに重要なのは、おくれて出現したマーニッカヴァーチャカル（Māṇikkavācakar 九〇〇年ころ）であり、かれの抒情的宗教詩のことばは「ルビーのごとくである」と讃えられている。そのほか多くの聖者が現われてシヴァ神を讃嘆する頌をつくった。十三世紀ころになって、メーイカンダデーヴァ（Meykaṇḍadeva）とかウマーパティ・シヴァーチャーリヤ（Umāpati-śivācārya）などの諸学者が出て教説を体系化したが、ことに後者の著（Śiva-jñāna-bodham）は同派の根本典籍とみられている。

この派では主（pati）と家畜（paśu）と索縄《さくじょう》（pāśa）という三つの原理を認めるが、それはそれぞれ主宰神シヴァ、個我、非精神的な物質を意味する。この三者は永遠に実在するものであるが、後の二者は主宰神を離れては考えられぬものであり、またそれに依存している。シヴァ神は独自の能力（śakti）をもっていて、それがシヴァと物質界とを結びつけ、また個我の束縛および解脱を可能ならしめる。個我の束縛は無知（āṇava）と業（karman）と迷妄（māyā）の三種であるが、この迷妄から現象世界が開展するという。この派でも総計三十六種の原理を想定している。シヴァの恩寵によって束縛が除かれると、永遠無限の知識と行動力とを所有してシヴァそのものとなり、解脱するといわれているが、解脱とはシヴァの中に没入することではなくて、シヴァと結合することである。解脱せる者は個性をそのまま保持して、最高の福楽を享受するという。

(三)獣主派（Pāśupata）

シヴァ聖典派と哲学的に密接な関係のある獣主派では、修行として特に身体に灰を塗ることを行ない、また衆人の前で奇声を発したり笑ったり踊ったりして、世人の嘲笑・軽蔑を招くようなことを故意に行ない、それが宗教的実践となると主張した。

(四)タントラ教（Tantrism）

タントラ教は性力派（Śākta）ともいうが、シヴァの妃ドゥルガー（Durgā）またはカーリー（Kālī）を崇拝する。この宗教の聖典をタントラ（Tantra）といい、かつては六十四種あったというが、かなり散佚した。或る種のタントラはすでに七世紀にはつくられていた。

その教えによると、永遠の最高実在としてのシヴァはブラフマンと同一視され、全く非活動のものと考えられるが、これに反してかれの神妃は活動そのものと考えられる。そこでその活動力（性力 śakti）を重んじ、それにもとづく救済を説くのである。この活動力は万有の根源であり、全世界はこの活動力の展開にすぎない。それぞれの活動力に応じて無意味な呪語（例えばHrīṃ, Huṃなど）が発せられ、それらに神秘的な霊力が宿ると考えられた。そのためこの派では後代にはことばに関する形而上学的考察を発展せしめた。特殊なヨーガの観法を行ない、カーリー女神に動植物の犠牲を供し、[1]男女が深夜に入り乱れて輪坐し、[2]魔法を用いる。この宗教は下層民の間で遵奉され、特にベンガル地方で盛んであった。

（1）　ときには人身献供の行なわれたこともある。ERE. VI, p. 850.

（2）　輪坐儀礼（cakrapūjā）においては酒（madya）、肉（māṃsa）、魚（matsya）、焦がした穀物（mudrā）、男女の性交（mithuna）が享楽されるので、これらは〈五つのM字〉とよばれている。

四　ヴィシュヌ教の諸派

ヴィシュヌ教にも諸種の流派があるが、六〇〇年以後に徐々に『パーンチャラートラ本集』(Pāñcarātrasaṃhitā) がつくられた。これに属する本集は百八あるというが、実際はそれ以上知られている。その内容はバラモン教とタントラ教との影響を受けている。最初の状態においてはヴィシュヌとその性力とが混沌として一体たる最高我をなしているが、その両者が分裂し、性力から世界を開展するという。四姓すべてが救われるが、カースト外のものは救われないとした。

バーガヴァタ派 (Bhāgavata) はパーンチャラートラ派と同一視されることもあり、また別と見られることもある。この派はもともと非バラモン教的な民間信仰であったが、次第にバラモン教的な要素をとり入れて、ヒンドゥー教の一派となったのである。この派では若干のスートラがつくられた (Nārada-bhakti-sūtra, Śāṇḍilya-bhakti-sūtra 十世紀ころ)。また、この派にとって重要な『バーガヴァタ・プラーナ』がつくられたのも十世紀ころである。

タミル地方では六五〇年ころから八五〇年ころにわたってアールワール (Āḻvār, Ārvār) と呼ばれる一連の宗教詩人が現われた。かれらは寺院を巡礼して、ヴィシュヌ神像の眼をみつめてその讃嘆詩を歌い、恍惚状態に陥った。かれらは主としてタミル語で詩をつくり、カースト外の賤民を教え、また若干のアールワールは実際にかかる賤民の出身であった。特異なのはトーンダル・アディ・ポーディ・アールワール（Toṇḍar-aḍi-poḍiy-ārvār 八世紀）である。一般のアールワールの彫像は坐像であるのに、かれの像はつねに立っていて右肩に荷をかついでいる。かれは一切の人間の苦しみを背負うことを理想としているのである。

第二節　仏　教

一　仏教哲学の継続的発展

この時代には、ひきつづき『大宝積経《だいほうしゃくきょう》』や『大集経《だいじっきょう》』に含まれる多くの経典が作成され、また地蔵菩薩（Kṣitigarbha）のような新しい崇拝の対象が現われた。唯識派も中観派も学派としての継続的発展を示している。

唯識説はヴァスバンドゥ以後インドの思想界において非常に優勢となり、多数の学者を輩出し、種々の異流を成立せしめた。アサンガ・ヴァスバンドゥに由来する（境識倶空《きょうしきくくう》を説く）真実唯識説は、インドでは無相唯識派[1]（Nirākāravādi-Yogācāra）と呼ばれているが、真諦三蔵《しんだいさんぞう》[2]（Paramārtha 四九九―五六九年）によってシナに伝えられ、摂論宗《しょうろんしゅう》として発展した。これに対していちおう識の存在することを認める立場（すなわち境空心有の方便唯識説）は有相唯識派[3]（sākāravijñānavādin）の唱えたものであるが、ディグナーガに始まり、無性を経て護《ご》法《ほう》[4]（Dharmapāla 五三〇—五六一年）に至って大成したが、玄奘《げんじょう》三蔵によってシナ・日本に伝えられ、法相宗となった。

ディグナーガ（Dignāga 陳那《じんな》[5]、域竜、四〇〇—四八〇年ころ）の著書

1 『仏母般若波羅蜜多円集要義論』[6] 一巻、宋施護等訳。
2 『観所縁論』[7] Ālambana-parīkṣā 一巻、唐玄奘訳。
3 『掌中論』一巻、唐義浄訳。
4 『取因仮設論』一巻、唐義浄訳。
5 Pramāṇasamuccaya[8]『知識集成書』（チベット訳のみ存す）。
6 『因明正理門論』[9]（Nyāyamukha）。

ディグナーガは知識根拠としては直接知覚と推論との二種のみを承認し、直接知覚は分別を離れたものであり、無内容であるが、推論のはたらきが加わることによって具体的な知識として成立するという。また普遍の存在を否認し、それは他者の排除（apoha）によって否定的に構想されたものにほかならないと主張した。従って真の意味における個別者（svalakṣaṇa）とは、はたらきのある瞬間（kṣaṇa 刹那）にほかならないという。

推論に関しては、かれは理由概念の三特質（*因《いん》の三相《さんぞう》・遍是宗法性《へんぜしゅうぼっしょう》・同品定有性《どうほんじょうゆうしょう》・異品遍無性《いほんへんむしょう》）と九句因（*因が同喩・異喩に対して有する九種の関係）の説を立て、また従来の推論式においては五つの命題を立てて論証を行なっていた（——五分作法《ごぶんさほう》——）のに対して、それを

整理して三つの命題を立てるだけ（――三支作法《さんしさほう》――）に改めて新因明を確立した。シャンカラスヴァーミン（Śaṅkarasvāmin 商羯羅主《しょうからしゅ》）の『因明入正理論《いんみょうにっしょうりろん》』（玄奘訳）はその入門書であり、シナ・日本では因明の根本典籍としてよく研究された。

ディグナーガの論理思想は、ダルマキールティ（Dharmakīrti 法称、六五〇年ころ）によってさらに一層細密なものとされた。かれの主な著書としては、(1) Nyāyabindu[10]（『論理学小論』）、(2) Pramāṇavārttika（『知識批判書』）、(3) Pramāṇaviniścaya（『知識の決定』）、(4) Hetubindu（『理由に関する小論』）、(5) Saṃbandhaparīkṣā[11]（『連続の考察』）、(6) Santānāntarasiddhi（『他人の存在の論証』）がある。かれによると、各瞬間が勝義において有るもの（paramārthasat）である。われわれは各瞬間の連続として意識の流れを想定し、個人の連続的存在を認めているが、それは思惟によって構想された（vikalpita）ものにほかならないという。かれはまた証因それ自体から導き出される推論（svabhāvānumāna）と、結果を証因とする推論（kāryaliṅgakam anumānam）とを区別した。

前者の実例――（主張）これは樹木である。
（理由）何となれば（これは）シンシャパー樹であるが故に。

後者の実例――（主張）あの山は火を有する。
（理由）何となれば（あの山は）煙を有するが故に。

前者の実例においては〈シンシャパー樹〉という証因自体から〈樹木であること〉が導き出される（――つまり分析判断である――）のに対して、後者の実例においては〈煙を有するものは火を有する〉という実例命題（大前提）は事実にもとづく判断であり、実在根拠とその結果との関係を示したものにほかならぬというのである。

ディグナーガ以後の仏教のおもな論理学者とその独立の著書とは、次のごとくである。

Śubhakara（六五〇―七五〇年）：Bāhyārthasiddhikārikā.

Dharmottara（七三〇―八〇〇年）：Apohaprakaraṇa.

Paṇḍita-Aśoka（九世紀）：Avayavinirākaraṇa, Sāmānyadūṣaṇadikprasāritā.

Jñānaśrībhadra（九二五年ころ）：Laṅkāvatāra-vṛtti, Sūtrālaṅkārapiṇḍārtha.

Jitāri（九四〇―九八〇年）：Jātinirākṛti, Hetutattvopadeśa.

Vidyākaraśānti：Tarka-sopāna.

Jñānaśrīmitra（一〇二五年ころ）：Jñānaśrīmitranibandhāvalī に収められた諸書。

Ratnakīrti（十一世紀）：Apohasiddhi, Kṣaṇabhaṅgasiddhi, Iśvarasādhana-dūṣaṇa, Saṃtānāntara-dūṣaṇa.

Ratnākaraśānti（一〇四〇年ころ）：Antarvyāptisamarthana.

Mokṣākaragupta（一〇五〇―一二〇二年の間）：Tarkabhāṣā.

Haribhadra（一一二〇年ころ）：Anekāntajayapatākā.

無性《むしょう》（Asvabhāva 四五〇―五三〇年ころ）は『摂《しょう》大乗《だいじょう》論釈《ろんしゃく》』十巻（玄奘訳）を著わした。また護法《ごほう》（Dharmapāla 五三〇―五六一年）の思想は『成唯識論《じょうゆいしきろん》』[12]十巻（玄奘訳）のうちに記され、シナ・日本では法相宗《ほっそうしゅう》として発展し、今日に至るまで奈良を中心として講学されている。また護法は『成唯識宝生論《じょうゆいしきほうしょうろん》』五巻（義浄訳）[13]を表わした。

ディグナーガと同時代ころに徳慧《とくえ》があり、その弟子に安慧《あんね》（Sthiramati 四七〇―五五〇年ころ）が現われた。かれの唯識説は比較的に古説に近いといわれている。かれの著書としては、⑴『唯識三十頌』に対する註（Skrt.）、⑵『中辺分別論』に対する註（Skrt.）、⑶『倶舎論実義疏《しょ》』五巻、⑷『大乗中観釈論《ちゅうがんしゃくろん》』（宋、惟浄等訳）がある。

なお無相唯識説の立場をとった学者として『真理綱要』（Tattvasaṃgraha）[14]を著わしたシャーンタラクシタ（Śāntirakṣita, Śāntarakṣita[15] 六八〇―七四〇年ころ）とそれを註釈したカマラシーラ（Kamalaśīla 蓮華戒《れんげかい》、七〇〇―七五〇年ころ）とは重要視さるべきである（後者には『広釈菩提心論《こうしゃくぼだいしんろん》』四巻、宋、施護《せご》等訳がある）。また如来蔵《にょらいぞう》思想と唯識説との総合として『楞伽経《りょうがきょう》』[16]（Laṅkāvatāra-sūtra）が成立したが、そこにはまたヒンドゥー教の諸信仰の影響も認められる。

中観派のほうでも、ブッダパーリタ（Buddhapālita 四七〇―五四〇年ころ）とバヴィヤ（Bhavya, Bhāvaviveka 清弁《しょうべん》、四九〇―五七〇年ころ）の二人が対立し、それぞれプラーサンギカ（Prāsaṅgika）派とスヴァータントリカ（Svātantrika）派との祖となった。前者は、いかなる主張もかならず誤謬に帰着することを指摘し、後者は独立の論証によって空の理論を打ち立てようとした。前者の系統からチャンドラキールティ（Candrakīrti 六五〇年ころ）が出て『中論』に註釈（Prasannapadā）を書き、また『中観への入門』（Madhyamakāvatāra）を著わし、その説は広くチベットに行なわれた。他方バヴィヤの系統には智光《ちこう》（七世紀）が出た。またシャーンティデーヴァ（Śāntideva 六五〇―七五〇年ころ）[17]も中観派の立場をとっているが、かれの著書『さとりの行への入門』（Bodhicaryāvatāra、宋、天息災訳『菩提行経《ぼだいぎょうきょう》』）においては、他人に対する奉仕の行ないを強調した。

『わたくしは、一切の生きとし生ける者どものうちで、燈火をもとめている人々のためには燈火となり、寝台をもとめている人々のためには寝台となり、奴僕をもとめている人々のためには奴僕となろう。』（三・一八）

この世で一人でも貧困に苦しんでいる人がいるならば、それは仏の徳をきずつけることになる。仏を礼拝《らいはい》するということは、単に儀礼のうちにあるのではなくて、他人への奉仕のうちに存する。

『今日もろもろの如来を崇《あが》めるために、この世でわたくしは全身をもって奴僕となる。人々よ。わたくしの頭のうえに足をおけ。』（六・一二五）

かれにはそのほかに『学道の集成』（Śikṣāsamuccaya 宋、法護等訳『大乗集菩薩学論』）、『諸経文の集成』（Sūtrasamuccaya 宋、法護等訳『大乗宝要義論』）という著書がある。

セイロン上座部では、アヌルッダ（Anuruddha 十一世紀ころ）が『アビダンマ綱要』（Abhidhammatthasaṃgaha）を著わしたが、教義綱要書として代表的なものである。

（1） Tattvaratnāvalī による（宇井伯寿『大乗仏典の研究』雑録、五頁）。

(2) 宇井『印哲研』第六巻、一―一三〇頁。
(3) 註(1)の書、五頁。なお結城令聞『心意識論より見たる唯識思想史』(東方文化学院)、参照。
(4) 宇井『印哲研』第五巻、一三〇―一三三頁。勝又俊教『仏教における心識説の研究』(山喜房仏書林、昭和三十六年)。
(5) 宇井、前掲書、第五巻、一四二―一四五頁。ここに挙げられたディグナーガの諸書は、宇井『陳那著作の研究』(岩波書店、昭和三十三年)の中に国訳・研究されている。
(6) 山口益『空の世界』(理想社、昭和二十三年)。
(7) 山口・野沢『世親唯識の原典解明』四〇九頁以下(法蔵館、昭和二十八年)。
(8) 北川秀則『インド古典論理学の研究』(鈴木財団、一九六五年)。
(9) 宇井、前掲書、第五巻、五〇五―六九四頁。村上・境野『仏教論理学』。
(10) Th. Stcherbatsky: Buddhist Logic, 2 vols., Leningrad 1930, 1932. 渡辺照宏「正理一滴論法上釈和訳」(『智山学報』新第九巻―第十三巻)。
(11) 金倉円照「法称に於ける結合の観察」(『宗教研究』昭和十年、新第十二巻第三号)。
(12) 佐伯旭雅『冠導成唯識論』、佐伯定胤『新導成唯識論』、富貴原章信『護法宗唯識考』(法蔵館、昭和三十年)。
(13) 宇井国訳『大乗仏典の研究』六〇七―八一一頁。
(14) 部分的に*『初期のヴェーダーンタ哲学』三五〇頁以下、*『ことばの形而上学』六五―一一〇頁。
(15) 以上の二人の年代については*『初期のヴェーダーンタ哲学』一一〇頁以下。
(16) 南条・泉共訳『邦訳梵文入楞伽経』(京都、昭和二年)。
(17) 金倉円照訳『悟りへの道』(平楽寺書店、昭和三十三年)。W. II, p. 370 f.
〔付記〕ダルマキールティについては戸崎宏正『仏教認識論の研究』(大東出版社、昭和五十四年)、バーヴアヴィヴェーカについては江島恵教『中観思想の展開』(春秋社、昭和五十五年) 参照。

二　密　教

原始仏教教団(1)においては、世俗の呪術密法を行なうことを厳禁した。しかし大乗仏教は部分的にはそれを取り入れ、大乗経典の中には多数の陀羅尼が説かれている。西紀四世紀ころからは呪法だけを説く独立の経典が作製されるに至った(『孔雀王呪経《くじゃくおうじゅきょう》』二巻、『護《ご》諸童子《しょどうじ》陀羅《だら》尼経《にきょう》』など)。かかる呪句を真言(mantra)という(「マントラ」とは、もとバラモン教のほうでヴェーダの祭儀に用いられた呪句のことである)。真言陀羅尼《しんごんだらに》を誦持し、それによって心を統一し、諸尊を供養することが高調されると同時に、これをいかに念誦し、いかに供養すべきかを規定する方軌も漸次発達した。方形または円形の土壇を築いて、諸尊をここに安置し祭供を行なった(護摩壇のつくり方はヴェーダの祭祀法を受けている)。その壇を曼荼羅《まんだら》(maṇḍala)というが、のちには大日如来《だいにちにょらい》を中心に諸尊を配置した図画を曼荼羅という。諸尊について多数の印契《いんげい》が説かれた。印契(mudrā 印相)とは、仏・菩薩・諸天の内証・本誓を教示せる外相、時に手指の印をいう。かかる密呪の修行が華厳経《けごんきょう》の哲学に結びつき、その基礎の上に建設された組織的な宗教体系が秘密仏教(密教)である。その開祖は竜猛《りゅうみょう》(Nāgārjuna 西紀六〇〇年ころ)であると称せられる。『大日経』(七世紀の中葉に西南インドで成立)の説く曼荼羅を胎蔵界曼荼羅《たいぞうかいまんだら》と称し、『金剛頂経《こんごうちょうぎょう》』（七世紀末に東南インドで成立）の説く曼荼羅を金剛界《こんごうかい》曼荼羅《まんだら》と称する。密教はパーラ王朝（約七三〇―一一七五年ころ）の統治下において特に盛んであった。

密教においては根本の仏を大日如来（Mahāvairocana 大毘盧遮那仏《だいびるしゃなぶつ》）と呼ぶ。従前の諸々の仏教は釈尊の説いたものであるが、密教は大日如来の所説である。従来の大乗仏教とは異なるという点で、みずから金剛乗《こんごうじょう》（Vajrayāna）と称する。秘密の教団であることを標榜し、閉鎖的であり、特有の複雑な儀礼を発達せしめた。人は師（guru, ācārya 阿闍梨《あじゃり》）について教えを受けねばならない。秘儀にあずかる儀式を灌頂《かんじょう》（abhiṣeka 頭の頂きに水をそそぐこと）という。

諸仏諸尊のみならず、従来の仏教では説かなかった多数の明王《みょうおう》、仏教外の諸神・諸聖者もやはり大日如来の現われであると解し、多くの民間信仰を摂取し、その趣意を直観的に表示するために、大曼荼羅を構成する。従来の大乗仏教のように六波羅蜜《ろくはらみつ》の実践に不断の努力をなす必要はない。衆生は本来仏性《ぶっしょう》を具有しているのであるから、諸尊を念じ、陀羅尼を誦し、密教の特別な儀式にあずかることによって容易に究竟の境地に達し、仏となることができるという（即身成仏《そくしんじょうぶつ》）。したがって現世の幸福・快楽を承認する。人間の煩悩・情欲は克服・抑圧さるべきではなくて、尊重さるべきである。不純な愛欲を一切衆生に対する慈悲にまで高めればよい。

煩悩を肯定する思想は、当時の俗信に対する妥協とあいまって、卑猥な儀礼を導き入れる危険性があった。一部の密教徒は、男女の性的結合を絶対視するタントラの宗教の影響を受けて左道密教を成立せしめた。その創始者はインドラブーティ（Indrabhūti 八世紀）であるといわれるが、九世紀以後とくに盛んになった。しかし密教はその儀礼の中に性的享楽をとり入れることによって、それ自体の解体の運命をたどることになったのである。

（1） 密教について ERE. XII, p. 193 f.『壺月全集』、『雲来文集』六一三頁以下、七三七頁以下、拇尾祥雲『秘密仏教史』（昭和八年）、『曼荼羅の研究』（昭和二年）、『理趣経の研究』（昭和五年）、『秘密事相の研究』（昭和十年）、B. Bhattacharyya: An Introduction to Buddhist Esoterism, Oxford 1932（神代峻通訳『インド密教学序説』密教文化研究所、昭和三十七年）。H. v. Glasenapp: Buddhistische Mysterien. Die geheimen Lehren und Riten des Diamant-Fahrzeugs, Stuttgart 1940.

三　末期の仏教

仏教の最後の段階においては世界原因としての原初仏（Ādibuddha）の信仰が現われた。そこにはヒンドゥー教の有神論的見解の影響が顕著である。この信仰はネパールおよびチベットに伝えられた。また同じく左道密教の変形としてサハジャ乗（Sahajayāna, Sahajiyā）が現われた。〈サハジャ〉とは「生来」「生まれつき」という意味で、さとりは本来そなわっているものであるから、人間の性情を肯定することを説く。アパブランシャ（Apabhraṃśa）語やベンガル語の著作を残し、謎のような表現を好む点に特色がある。[1] 詩集『ドーハーコーシャ』（Dohākośa）などはその一例である。このサハジャ乗では美しい娘に対する愛情が解脱への道であるなどと説く。後世のベンガル人に対する影響はいちじるしい。回教の侵入後に時輪タントラ（Kālacakra-tantra）が成立した（約一〇二七—一〇八七年ころ）。回教がインドを席捲したので、それを撲滅するため仏教徒がヴィシュヌ、シヴァとの連合軍を形成するのだという。占相学的要素を多分に含み、メッカに言及し、回教紀元を用いている。[2] 一二〇三年に密教の根本道場であるヴィクラマシーラ（Vikramaśīla）寺院が回教徒の軍隊に破壊され、僧尼が諸所で殺戮された。それとともにインドで仏教は急激に衰滅してしまった。

八世紀前半にパドマサンバヴァ（Padmasaṃbhava）がチベットに入ってラマ教を創《はじ》め、のちにアティーシャ[3]（Atīśa 九八〇—一〇五二年）が六十歳でチベットに入り、チベットの密教を改革した。チベットの仏教は、ボン（Bon）教など民間信仰を摂取して、やがて独自の特徴ある仏教を形成したので、西洋人はこれをラマ教（Lamaism）と呼んでいる。いわゆるラマ教は今日ではチベット、蒙古、満州、北シナ、ロシアのブリアート人、ブータン、シキムなどに存続している。中央アジアの仏教はかなり遅くまで残っていたらしく、ウイグル語で一種の如来蔵思想を述べた書が伝えられている。[4]

ネパールでは真言密教を中心とした大乗仏教がヒンドゥー教と並んで行なわれているが、僧侶は結婚して、金剛師（Vajrācārya）とよばれ、世人から尊敬されて、特殊な階級を構成して来た。

（1） S. B. Dasgupta: An Introduction to Tāntric Buddhism, Calcutta 1950.
（2） W. II, p. 401. 羽田野伯猷『密教文化』第八号、一八頁以下。
（3） アティーシャについて羽田野『日仏報』第十六巻、六二頁以下、芳村修基『仏教史学』第二巻、一六頁以下。
（4） Ruben: GIPh., S. 299 f.
〔付記〕土俗化した仏教については奈良康明『仏教史』（山川出版社、一九七九年）参照。

第九章　回教徒の侵入と思想の変化

一　回教徒の侵入

回教徒はすでに八世紀に通商路に沿って西北インドに侵入したが、ガズニー（Ghaznī）のスルタン・マフムード（Mahmūd）は十一世紀の始めから繰り返し侵略し、カナウジに至るまで、略奪と侵略をほしいままにした。かれの遠征にはアルベールーニー[1]（Alberūnī）が随行し、貴重な記録を残している。回教侵入軍に対して特に勇敢に抵抗したのはラージプット族である。かれらは武勇を以て知られたが、戦い利あらずと見るや、男子は全滅するまで戦い、婦女子は自ら火に投ずるという全員玉砕（jauhar）を実行した。回教軍はついに一二〇五年にはインダス河口からガンジス河口に至る北インド一帯を席捲した。仏教寺院が徹底的に破壊されたのもこの時である。一二〇六年には将軍クトブディーン・アイバク（Kutbud dīn Aibak）が自立して、インド内における最初のイスラム王朝をひらいた。これは奴隷王朝（一二〇六―九〇年）と呼ばれるが、その後パターン（Pathān）諸王朝が続いた。一二二一年にはチンギス・ハン（Chingis Khan 成吉思汗）の軍がインダス河畔まで殺到し、一三九八年にはティームール（Tīmūr）がデリーに侵入し、五日間に略奪をほしいままにし、十万人を虐殺し、故国の首都建設に必要な技術者と奴隷と財宝とをひきつれてサマルカンドに引き上げた。ティームール五代の子孫でカーブル王であったバーブル（Bābur）は一五二六年にデリーに入城し、ムガル（Mughal 蒙古）帝国を建設した。かれが勇敢なラージプット族を破り得たのは火砲の偉力に帰せられている。この王朝はアクバル帝（Akbar 一五四二―一六〇五年）に至って安定した。かれは四十年にわたる征戦ののちほとんど全インドを征服し、官僚制を確立し、検地を行ない、農村の徴税を金納とした。かれは自ら皇帝を神とする新宗教を計画したが、ヒンドゥー諸王を懐柔し、ジェスイット宣教師をも快く迎え、ジャイナ教にもゾロアスター教にも寛大であった。ついでジャハーンギール（Jahāngīr 在位一六〇五―二七年）を経て、アウラン・ゼーブ（Aurang-Zeb 一六一八―一七〇七年）は残酷な性格の皇帝であり、回教にもとづく強権的支配を行なった。

この時代に北方では圧倒的に回教徒の政治力が強かったが、南インドに栄えたヴィジャヤナガラ（Vijayanagara）王朝（一三三六―一六四六年）はバラモン教文化を盛んならしめた。その富強は西ヨーロッパ人にインドへの夢を懐かせたほどであった。南インドの諸王国においては独特の武士道が発達し、責任をとって自決した武士たちは〈英雄彰徳碑〉（vīra-kal）によって讃えられた。また西方のマラーター（Marāṭhā）人の指導者シヴァージー（Śivājī 一六三〇―一六八〇年）は農民軍を組織して回教徒を撃退し、ヒンドゥー教を擁護した。

一四九八年にヴァスコ・ダ・ガマ（Vasco da Gama）がインドの西海岸に達し、ポルトガルは一五一〇年以来（一九六一年まで）、ゴアを占領経営した。十七世紀からヨーロッパ諸国は東インド会社を設立して、インドに進出した。イギリスとフランスとの対立抗争は特に甚だしかったが、プラッシー（Plassy）の戦い（一七五七年）にイギリスがベンガル王に対して勝利を博してから、インドはついにイギリスの全面的支配の下に入る運命をたどることになった。

この時代には仏教は全くインド社会の表面から姿を消すに至った。バラモン教の文化は民衆の間に依然として根強く存続していたが、ただ旧来の伝統を固守するだけで、もはや独創的な文化的所産を見ることができない。バラモン教の哲学の方面では、㈠ただ往昔の典籍の註釈的研究あるいは煩瑣な解説に終始するだけで、㈡他方、異質的な回教に対する対抗意識から、バラモン文化の一体性が強調され、諸々の哲学思想が融合する傾向が顕著である。この時代の特色としては、むしろ回教が移入せられ、夥《おびた》だしい信徒を獲得し、そのためにインド人一般の風俗・習慣が著しく変化した。ペルシア語の影響を受けて共通語としてのウルドゥー（Urdū）語が成立した。そうしてパターン王朝時代から商業資本が有力となるにつれて、民衆の発言・活動が強まり、アクバル帝の頃から貨幣経済が進展するにつれてこの傾向は一層強まった。民衆の間では最高神に対する信仰を強調する宗教運動が盛んになり幾多の宗教的・文芸的作品が近代インド諸語で著わされた。民衆の文化の興隆とともに、従来の学系とは無関係に民衆のうちから新しい思想家が現われ、そこには近代的思惟の萌芽が認められる。

中世的思惟から近代的思惟への転換は徐々になされたのであって、その間にはっきりした区画線をひくことは困難であるが、いちおう二節に分けて考察することにしよう。

(1) E. C. Sachau: Alberuni's India, New ed., London 1906 (Trübner's Oriental Series), cf. W. I, p. 29.

第一節　中世的宗教の発展

一　諸哲学説の客観的研究

すでに回教徒の侵入以前に九世紀頃からこの時代にかけてジャイナ教徒の間で諸哲学説の概観的研究[1]が行なわれるようになった。例えば、ハリバドラ（Haribhadra 九世紀）の『六派哲学集成』（Ṣaḍdarśana-samuccaya）、ラージャシェーカラ（Rājaśekhara 十四世紀）の同名の書がそれである。かれらは客観的な態度を標榜していた。ヴァーチャスパティミシュラののち一般に諸学派を通じて諸体系の兼学が行なわれたが、ヴェーダーンタ学派のうちの不二一元論派においては、特に諸哲学体系の通観的研究が行なわれ、『全学説綱要』（Sarvamatasaṃgraha）、シャンカラに帰せられる『全定説綱要』（Sarvasiddhāntasaṃgraha）、マーダヴァ（Mādhava 十四世紀）の著『全哲学綱要』（Sarvadarśanasaṃgraha）、マドゥスーダナ・サラスヴァティー（Madhusūdana Sarasvatī 一五〇〇年ころ）の『種々なる道』（Prasthānabheda）[2]などが著わされたが、いずれも唯物論（順世派）を最も低級な学説とみなして最初に説き、次に仏教・ジャイナ教を述べ（以上異端説 nāstika）、次に正統派（āstika）の諸哲学を述べ、最高のものとしての不二一元論を以て終わっている。

サーンキヤ学派の関係では、十四、五世紀にカピラに帰せられる『サーンキヤ・スートラ』[3]（Sāṃkhya-sūtra）がつくられ、ヴィジニャーナ・ビクシュ（Vijñāna-bhikṣu 十六世紀後半）がこれに対して註釈（Sāṃkhya-pravacana-bhāṣya）を著わした。これら後期のサーンキヤ説は、最高我を究極の原因とみなして、有神論的一元論に調和の傾向を示している。なお、同じくカピラの作と伝えられる『タットヴァ・サマーサ』（Tattvasamāsa）もやはり近代の書であろうと考えられている。

また『ヨーガ・スートラ』に対する幾多の註釈が作製されたが、ヨーガを説く若干のウパニシャッドはこの時代につくられたのかもしれない。ヴィジニャーナ・ビクシュは『ヨーガ精要』（Yogasārasaṃgraha）を著わした。また、曲芸のような無理な修行をするハタ・ヨーガ（Haṭha-yoga）の実践も盛んになった[4]。

『ヴァイシェーシカ・スートラ』に対してはシャンカラミシュラ（Śaṅkaramiśra 十五世紀）が註釈（Upaskāra）を著わした。

十三世紀にミティラー（Mithilā, Tirhut）にガンゲーシャ（Gaṅgeśa）が現われ、新ニヤーヤ派（Navya-nyāya）を創設した。かれの尨大な主著（Tattvacintāmaṇi）はニヤーヤ派の四つの知識根拠のもとに一切を包括して論及する。後には主として推論のみを微細な点まで論ずるようになった。ヴァースデーヴァ（Vāsudeva Sārvabhauma 十五世紀末）が右の書を註解し新ニヤーヤ派の中心を郷里ナヴァドヴィーパ（Navadvīpa）に移した。この系統をナヴァドヴィーパ派（またはNuddea派）と称する。かれの弟子ラグナータ（Raghunātha Śiromaṇi 約一四七五―約一五五〇年）は独創的な学者であって、この派の学説を深めた。

そのほかTvantopādhyāya（十四世紀後半）はガンゲーシャの書に現存最古の註を書いたし、またVardhamāna Upādhyāya（一二五〇年ころ）、Pakṣadhara-miśra（またはJayadeva-miśra 一四二五―一五〇〇年）、Mathurānātha（一六〇〇―一六七五年）、はガンゲーシャの書に註し、あるいは独立の書を著わした。ミティラーのヴァーチャスパティミシュラ（一四二五―四〇年）、Harirāma Tarkavagīśa（十六世紀）、Jagadīśa-Tarkālaṅkāra（一六〇〇年ころ）なども注目すべき学者である。

この時代になるとニヤーヤ派とヴァイシェーシカ派とが次第に融合する傾向が顕著となり、また簡潔な入門書も作成された。

特に有名なものとしては、ヴァイシェーシカ説のほうでは、Annaṃ-Bhaṭṭa（十六世紀末）のTarka-saṃgraha, Laugākṣi-Bhāskara のTarka-kaumudī, Viśvanātha Pañcānana（十七世紀初頭）のBhāṣāpariccheda（＝Kārikāvalī）および自註[5] Siddhāntamuktāvalī があり、ニヤーヤ派のほうではKeśava-miśra（十三世紀）のTarkabhāṣā, Varadarāja（十三世紀またはそれ以前）の

Tārkikarakṣā が存する。

ミーマーンサー学の入門書としては Āpadeva（十七世紀初頭）の Mīmāṃsā-nyāya-prakāśa（別名 Āpadevī）や、Laugākṣi-Bhāskara（十七世紀始め）の Arthasaṃgraha, Kṛṣṇayajvan の Mīmāṃsā-paribhāṣā が有名である。

ヴェーダーンタの不二一元論派にはサーンキヤ説の影響がいちじるしく、Bhāratītīrtha と Mādhava（一三五〇年ころ）の Pañcadaśī や Sadānanda（十五世紀末）の Vedāntasāra[6] は綱要書として有名である。またこの学派の知識論を述べたものとしては Dharmarāja（十七世紀）の Vedāntaparibhāṣā が最も有名である。

ジャイナ教では幾多の学者が輩出したが、特に有名なのはヘーマチャンドラ[7]（Hemacandra 一〇八九―一一七三年）である。かれは『行為論』（Yogaśāstra）その他多数の書をサンスクリットおよび俗語で著わしたが、グジャラートの王侯をジャイナの信仰に入らしめ、殺生を禁じ、風俗をただし、酒店を転業せしめた。その後グジャラート・ラージプーターナー・マイソール地方はこの宗教の根拠地となり、これらの地方の諸語で多数の典籍が著わされた。

（1）　*『インド思想の諸問題』二五二―二七一頁。
（2）　邦訳、宇井『印哲研』第四巻所収。
（3）　本多恵訳『名大論集』二十四、昭和三十五年三月。
（4）　この傾向に属する著名な書として Śiva-saṃhitā, Gheraṇḍasaṃhitā, Haṭhayoga-pradīpikā (by Svātmārāma),

Ānanda-samuccaya (c. 1300 A. D.) などがある。

（5）金倉円照訳（『東北大報』第一号、七三頁以下）、松尾義海『印度論理学の構造』（秋田屋、昭和二十三年）。

（6）*『原文対訳ヴェーダーンタ・サーラ』（平楽寺書店、昭和三十七年）。

（7）かれの著書としては、修行者の行為規定を述べている Yogaśāstra（鈴木『耆那教聖典』）、ジナを讃嘆した詩 Vītarāgastuti（宇野『大倉山学院紀要』第一輯、五五頁以下）は特に有名である。

二　ラーマーヌジャの制限不二論

ラーマーヌジャ[1]（Rāmānuja 一〇一七―一一三七年[2]）は、南方インド東岸の霊場カーンチープラ（Kāñcīpura, Conjeeveram）の出身であるが、ヴィシュヌ教（とくに Bhāgavata または、Pāñcarātra）の伝統を継承し、ヤーダヴァプラカーシャ（Yādavaprakāśa）、およびヤームナ（Yāmuna）の教えを受けたが、のちに制限不二論（viśiṣṭādvaita）を唱えた。ブラフマンは無数の美徳を具有する主宰神たるヴィシュヌにほかならない（それは Bhagavat または Vāsudeva とよばれる）。諸々の個我は決して最高神とは同一ではない。またそれらは無知によって流転輪廻しているのではなくて、最高神に対する信仰が無いためにそれに背き、迷っているのである。多数の精神的個我と物質世界とはブラフマンの様相であり、身体となっている。最高神の身体は、世界創造の以前にはただ微細な可能的状態で最高神の中に潜在しているが、世界創造にあたって、雑多なる現象界となって展開する。個我および世界は、単なるマーヤーではなくて実在性をもっている。個我はブラフマンの部分であり、認識し行為する。ひとは熱烈な信仰心（bhakti）を以て主宰神に対する帰依・祈念の行（prapatti）を実践するならば、その恩寵にあずかり、その恵みによって解脱し得る。単なる知のみによっては解脱に到達し得ない、と主張した。十三世紀ころにラーマーヌジャ派は北方のヴァダガライ（Vaḍagalai）派と南方のテンガライ（Teṅgalai）派との二つに分かれた。後者は俗語で著述をなし、一層民衆的であり、最高神の恩寵を強調するのあまり、悪を怖れざる傾向をさえ生じた。

（1）〔ブラフマ・スートラに対するŚrī-bhāṣya の訳〕G. Thibaut: The Vedānta-sūtras with the Commentary of Rāmānuja (SBE. vol. XLVIII), Oxford 1904.〔研究〕井原徹山『印度教』大東出版社、昭和十八年、O. Lacombe: La doctrine morale et métaphysique de Rāmānuja, Paris 1938.

（2）ラーマーヌジャがはたして百二十歳も生きたか疑問であるが、ラーマーヌジャを専門に研究した学者たちが碑文その他にもとづいて算定したものである（Dasg. III, pp. 100–105; Śrībhāṣya, Part I, ed. by R. D. Karmarkar, Poona 1959, pp. XV–XVI)。『シュリーバーシヤ』は一一一七—一一二七年の間に著わされたという。

三　マドヴァの多元論的実在論

マドヴァ[1]（Madhva 一一九七―一二七六年）は、南インドのマイソール州の西海岸地方にバラモンの子として生まれて育ち、ウパニシャッドを遵奉するヴェーダーンタ学徒であったが、二元論（dvaita）を標榜し、多元論的実在論を唱道した。われわれはまず第一に「これはそれと異なる」という知覚があって、青色・黄色などの区別のあることを知らされる。別異性（bheda 差別相）が事物の本質である。最高神も多数の個我も物質世界も、すべて真実なる実在者であり永遠不滅であるが、それらは互いに異なったものである。それらのうちで主宰神はあらゆる美徳を具えたヴィシュヌ神であり、独立であるが、他のものは主宰神に依存している。個我は最高神に対する従僕であり、それに奉仕しなければならぬ。解脱はヴィシュヌ神の恩寵によってのみ起こるが、その恩寵にあずかるためには知識が必要であるから、ブラフマンの考察をなすべきである。生きとし生ける者の運命は三種類に予定されている。第一類はいつかは解脱に到達する者であり、第二類は永久に流転輪廻の生活を繰り返すものであり、第三類は地獄の闇黒のうちに堕すべきものであるという。最高神は多くの神をつくりなすが、風神が最も崇拝さるべきであり、マドヴァはみずから風神の権化であると称する。マドヴァの学派は南方インド、特にマイソール州南部で有力であり、かれはイスラーム教徒と論争したとの伝説があり、また、キリスト教の影響の有無が学者の間で論議されている。

（1） SDS.（中村邦訳『三康文化研究所年報』第一号、昭和四十一年）; Dasg. IV; 中村元「マドヴァとヴァッラバ」（『哲学雑誌』第七〇九号、昭和二十六年三月）。かれは諸ウパニシャッドや『ブラフマ・スートラ』に対してしばしば非常に無理な、また大胆な解釈を施している。

四　ニンバールカの不一不異説

ニンバールカ[1]（Nimbārka 十四世紀）はヴェーダーンタの立場に立って『ブラフマ・スートラ』に註釈（Vedānta-pārijāta-saurabha）を著わし、ブラフマンと個我とは不一不異（bhedābheda）であると主張した。ブラフマンが開展して世界となるから、現象世界は実在性をもっている。解脱に達するためには五つの修行法（sādhana）、すなわち行ない（karman）と明知（vidyā）と念想（upāsanā）と最高神への帰依（prapatti）と師への帰依（gurūpasatti）が必要であると説いた。かれの弟子にシュリーニヴァーサ（Śrīnivāsa）があり、師の『ブラフマ・スートラ註釈』に対して復註（Vedānta-kaustubha）を著わした。

（1） Roma Bose (alias Mrs. R. Chaudhuri): Vedānta-pārijāta-Saurabha of Nimbārka and Vedānta-kaustubha of Śrīnivāsa, 3 vols., Calcutta, RASB., 1940, 41, 43.

五　リンガーヤタ派

およそ一一六〇年ころにバサヴァ（Basava）がヴィーラ・シヴァ派（Vīra-Śaiva）を創始した。この派の人はリンガ（liṅga 男性の性標）を崇拝し、リンガに紐をつけて首にかけているので、リンガーヤタ（Liṅgāyata）派とも呼ばれる。リンガは最高実在の象徴とみなされる。リンガ崇拝の起原はインダス文明にまで遡ることができるが、宗教体系として組織されたのは後世のことである。この派はカーストの区別を否認する。この派の立場からシュリーパティ（Śrīpati 約一四〇〇年）が『ブラフマ・スートラ』に対して註釈（Śrīkarabhāṣya）を著わして、その説を基礎づけた。それによると、シヴァ神はそれ自身の可能力（śakti 性力）によって一切の現象世界を成立せしめ、またそのうちに帰入するところの根柢（sthala）である。シヴァは分裂してそれ自身と女性原理としての可能力となるが、またもとどおり合一する。かかる動的な過程を人々は理解・体得しなければならない。

六　回教思想のインド的発展

インドの北部では十世紀以後、南部では十二世紀以後、回教の強い影響を受けたが、回教徒はコーランを堅く奉じていて、その超民族性の故に、インド固有の思想家との間の交渉はなかった。しかし回教は主としてインド社会の下層の人々を改宗せしめたので、おのずからインド的な変容を受けた。例えば聖徒の墓に巡礼し崇拝するという習俗を生ぜしめ、[1]また回教の聖徒崇拝がインドの俗信と結合するに至った。[2]そのうちスーフィー（Sūfī）神秘主義の徒がインドに定住するに及んでヴェーダーンタ哲学思想を摂取するとともに、その後のインド思想に深い影響を及ぼした。また他方では回教徒もインド古来の思想の感化を受け、デリー、ベンガル、ラージャスターンなどでは回教諸王がサンスクリット詩人を保護し、サンスクリット研究を奨励し、回教の学者がそれに従事するに至った。[3]またサンスクリット図書館も造られた。特にダーラー・シクー（Dārā Shikūh 一六五九年処刑さる）は回教とスーフィー神秘主義とヴェーダーンタ哲学との比較研究を行ない、共通点の存することを指摘し、またかれは五十二のウパニシャッドをペルシア語に飜訳せしめた（Oupnekhat）。またマリク・ムハマド・ジャーヤシー（Malik Muḥammad Jāyasī 十六世紀中葉）は『パドマーヴァト』（Padmāvat）という叙事詩を著わし、神の愛を讃えたが、この詩はヒンディー語における現存最古の作品であるといわれている。また十四世紀以後、神のことばを書き現わすための書道が発達した。[4]

（1）　例えばデリー郊外にある Nizām al-Dīn Awliyā (Nizamuddin Aulia) の墓などはその一例である（ERE. XI, p. 68 f.）。

（2） 例えば Panchpiriyā の習俗（ERE. IX, p. 600 f.)。
（3） J. B. Chaudhuri: Muslim Patronage to Sanskritic Learning, pt. 1, Calcutta 1954. ditto: The Contribution of Muslims to Sanskrit Literature, vol. II, Calcutta 1954. ditto: Khan Khanan and Sanskrit Learning, Calcutta 1954.
（4） 蒲生礼一「印度回教文化に於けるイラン的要素」（『印仏研』第一巻第二号、三九頁以下)。

第二節　近代的思惟の発展

一　唯物論

この時代にも一部では唯物論が行なわれ、バラモン教諸派からは、最も邪悪な思想として非難されている。知識根拠としては直接知覚のみを認め、推論は現世の事がらに関してのみその意義を認めた。実在するものは四つの元素（地・水・火・風）のみであるといい、霊魂の存在を否定し、精神性は物質から生ずるものであり、あたかも麴が醱酵してアルコールを生ずるようなものである。身体の滅亡とともに霊魂（精神）も消滅する。業の報いは存在しない。世界の主宰神とは現実に存在する国王のことである。人生には苦しみもあるけれども、苦しみを斥けて快楽を追求すべきである。魚肉を食するためには骨をとり除かねばならぬのと同様である。生きている限りは楽しむがよい、と主張した。

また当時の唯物論者のうちには身体をアートマンであるとみなす人々、感官をアートマンであるとみなす人々、生気がアートマンであるとみなす人々、内官（意）がアートマンであるとみなす人々がいたとも伝えられている。一切を否認する虚無論者（śūnyavādin）も現われた。[1]

（1）　Ruben: GIPh. S. 286 ff.; SDS. I; Wilson: Sects., pp. 148–150, Vedānta-sāra, 148–151; Bhāskara ad Brahma-sūtra, III, 3, 53.

二　ラーマーナンダのカースト否認

ヴィシュヌ教諸派はヒンドゥー社会の下層階級に対して同情心をもっていたが、なおカースト制度を認めていた。ところがラーマーナンダ（Rāmānanda 十四世紀末—十五世紀初）はラーマーヌジャ派の修行者であったが、特に神に対する信愛による解脱への道（bhaktimārga）を強調した。かれは、㈠ヴィシュヌ神の崇拝者にとってはカーストの区別は存在し得ないということを断固として主張し、何人といえども教団に入ることを許した。㈡かれならびにかれの教団では俗語を使用した。㈢かれは当時一般民衆の間で行なわれていた牧童クリシュナと愛人ラーダー（Rādhā）との崇拝の代わりに、清純で貞節をまもったラーマ（Rāma）王子とシーター（Sītā）妃の崇拝を導き入れた。かれの信徒は一つの宗派を形成し、今日なお存続している（Rāmarandī または Rāmāvat とよばれる）。

三　カビールの宗教合理化論

カビール[1]（Kabīr 一四四〇―一五一八年）はバラモンの寡婦の私生児としてベナレスに生まれ、捨てられたが、回教徒の織工に拾われて養育され、織工として世を終えた。ラーマーナンダに感化せられ、ラーマ崇拝を継承しながらも回教思想の影響を受けている。一切の個我は同一の根本原因から現われ出たものであり、同じ血統のものであるから、カーストや種族の区別は虚構のものにすぎないと主張した。さらに、現実の社会的・世俗的生活は肯定さるべきものであり、生命は神の神聖な賜物であると考えた。かれは回教の影響を受けて偶像崇拝を否定したのみならず、諸宗教の間の区別をも消し去ってしまった。かれによれば、神はアラー（Allah）と呼ばれようが、ラーマと呼ばれようが構わない。かれはみずから「アラーとラーマの子」と称した。ヒンドゥー教や回教の儀礼や外的制約を一様に嫌悪した。プラーナ聖典やコーランは空虚なことばにすぎず、苦行も沐浴も祭祀も巡礼も無意義であると主張した。

「神聖なる沐浴所には、水以外に何もない。それが無用なものであるということを、わたくしは知った。何となればわたくしはそこに沐浴したからである。

神像は生命のない死物である。それは語ることができない。——わたくしは大声で呼びかけてみたのだが。

神像の石よりも粉挽き小屋の石のほうがましである。」

かれは行者（fakir, yogin）ではなく、単なる織工であり、家庭の父であり、わが家の中に神を求めた。そうして自分の罪障に対する反省を行なうとともに、ひとえに最高神に対して敬虔な信仰を捧げた。かれは世俗の現実生活を肯定し、人が我執を去ったところに神が現われると説く。かれはヒンディー語の詩文を残しているが、この言語はかれによって特に民衆の間に普及した。特に織工の間にかれの信奉者が多い（その仲間は Kabīrpanthī とよばれる）。

カビールの影響を受けて成立した一派としてサトナーミー（Satnāmī）たちは「その名が真実なるもの」（神）を信奉するが、古くは帝王アウラン・ゼーブに対して反乱を起こしたことがある（一六七二年）。ジャグ＝ジーヴァン・ダーサ（Jag-jīvan Dāsa 一六八二―一七六一年？）はカーストの区別を否認し、賤民の間に多くの信奉者を得た。この派の人は高いカーストのヒンドゥーのいやがることを、わざと行なう。

（1）　Songs of Kabir, translated by Rabindranath Tagore with the assistance of Evelyn Underhill, London and New York 1915.

四　ヴァッラバ派の世俗的教団

ヴァッラバ（Vallabha 一四七三―一五三一年）は、純粋一元論（śuddhādvaita）の立場に立って『ブラフマ・スートラ』を註解した（Aṇubhāṣya）。かれによると諸々の個我はブラフマンから現われ出たものであるが、両者は本来不異のものである。また原因としてのブラフマンも結果としての現象世界もともに純粋清浄であり、不異であると主張する。ここから現実世界を肯定する主張が現われ出て来て、ヒンドゥー教が世俗化された。ヴァッラバは神の命によって結婚したが、この派の僧侶は結婚し、その地位は世襲である。師（guru）に対する献身的尊敬を説くが、特に法主（Gosvāmin, Gosain）に対するそれを強調するため、婦女を提供するなど不道徳な習俗が起こり、非難されるに至った。この教団の信徒はとくに商人が多い。僧侶たちは巡礼しながら遠隔の各地の商業団体の間の連絡をつけ、商業上の利益と信仰の功徳とを融合せしめている。

五　チャイタニヤの熱情的宗教

クリシュナとその愛人ラーダーの崇拝はサンスクリット詩人ジャヤデーヴァ(1)（Jayadeva 十二世紀後半）、マイティリー詩人チャンディー・ダース（Caṇḍī Dās 一四〇〇年ころ）、ビハールの詩人ヴィディヤーパティ（Vidyāpati 十五世紀）にうたわれていたが、これらの詩を愛唱して感化を受けたチャイタニヤ（Caitanya 本名 Viśvambhara Miśra 一四八五―一五三三年）はベンガル地方で新たなクリシュナ・ラーダー崇拝の宗教運動を起こし、熱狂興奮してクリシュナ・ラーダー讃嘆歌を唱え歩く高唱巡行（saṃkīrtana）の行を創始し、愛（preman）の精神を強調した。かれ自身は著書を残さなかったが、その弟子のルーパ（Rūpa）とサナータナ（Sanātana）とが教学を組織し、のちにバラデーヴァ（Baladeva 十八世紀始め）が『ブラフマ・スートラ』に註釈（Govindabhāṣya）を著わしたが、その哲学的立場を不可思議不一不異説（acintya-bhedābheda）と称する。最高神と個我との関係は思慮の及ぶべからざるものであるというのである。この宗派は民衆的で奉仕の実践を尊ぶ。

（1）　田中於菟弥『印度さらさ』（生活社、昭和十八年）、一三一頁以下。

六　マラーター人の信愛運動

西南インドのマラーター（Marāṭhā）人の間では、ヴィシュヌ神に対する信愛を強調する世俗的宗教の運動が起こった。

ナームデーヴ（Nāmdev 十五世紀前半）はマラーティー（Marāṭhī）語で信仰を説いた。かれは裁縫師であったが、カーストの区別を否認したので、パリア（Paria 不可触賤民）までもかれの信徒の仲間に加わった。かれは偶像崇拝を痛烈に批判した。

またトゥカーラーム（Tukārām 一六〇八—四九年）は帝者の招請にも応ぜず、ささやかな店主として世を終えたのであるが、世を捨てて隠者となることに反対した。

「食を捨つるなかれ、森の庵に赴くなかれ。汝の悩みあるいは楽しむいかなる場合にもナーラーヤナ神を念ぜよ。母の肩におぶさる子は苦難を感じない。これ以外の一切の念慮を絶てよ。世の快楽にとらわるるなかれ。またそれを捨つるなかれ。汝のなす一切のことを神に捧げよ。」

神に奉仕する生活を送り、神によしとせられるように行動せよ、と教えている。

「艱難もまたわれには甘美である、——もしもそれがわれを汝の御足に導くものであれば。」

「われはわが目を以てわれ自身の死を見た。いまや無比の歓喜が現われ出た。三界は喜びに満ちている。われは万有のアートマンとして楽しむ。個我を執するによってかつてわれは一つの場所に限られていたが、それを捨てたので、われは万有に遍在するものとなった。生死から起こる汚れは無となった。」

またラームダース（Rāmdās 一六〇八—八一年）は民族の英雄シヴァージーの政治顧問として重要であり、神秘主義を政治と結合させた。世人の愛護を説き、理想的な帝王は寸時も休まずに活動せねばならぬという。

なおラージプーターナの太子妃であった宗教詩人ミーラー・バーイー（Mīrā Bāī 十五世紀）はクリシュナを熱烈に信仰崇拝したために、神像が開いてその裂け目の中に消え失せたという伝説があるが、北方インドの婦人の間に深い感化を及ぼした。

七　古典民衆化運動

この時代の顕著な動きは、サンスクリットで書かれたインドの古典を民衆の用いる俗語に飜訳増補し、民衆に精神的指標を与え得るようなかたちに改めたことである。

マラーター人の間では、ジニャーネーシヴァラ（Jñāneśvara）が『バガヴァッド・ギーター』に対する解説（Jñāneśvarī 一万頌よりなる）を著わしたが（一二九〇年）、その後愛吟されている。その中でかれは共感の精神にもとづく社会的活動を強調し、私心なき行動を説き、師に対する尊崇を教えている。また、エークナート（Eknāth 一六〇八年歿）は『バーガヴァタ・プラーナ』をマラーティー語に飜訳してひろい感化を及ぼした。

トゥルシー・ダース（Tulsī Dās 一五三二―一六二四年）は『ラーマーヤナ』にもとづいて東部ヒンディー語で『ラーマの行ないの湖』（Rām-carit-mānas）を著わした（一五八五年ころ）。かれはこの詩の中でラーマ神に対する熱烈な信仰を吐露し、万人は兄弟であるということを教えているが、北方のインド人にとってはほとんど聖書のような教化的意義をもっている。

またカンバン（Kamban 十一世紀）は『ラーマーヤナ』をタミル語に飜訳した。それは原作にまさるとタミル人の誇るものであり、ドラヴィダ人を表現していると考えられる悪魔ラーヴァナをラーマと並ぶ立派な英雄として描いている。

八　シク教

シク（Sikh）教は、ヒンドゥー教にもとづきながらも回教の要素を採用結合した改革的宗教である。その開祖ナーナク（Nānak 一四六九―一五三八年）は、カビールの思想を受けるとともに、回教神秘主義（Sufism）の強い影響を受けている。北方インドを遍《あま》ねく旅行し、ヒンディー語とパンジャービー語との混合語によって教えを説き、パンジャーブを中心として広い感化を及ぼした。シク教の聖典（Granth Sāhib）はナーナクやカビールなどに帰せられる詩および散文より成る。かれは唯一神に対する信仰を強調したが、諸宗教の本質は一つであると考えていた。この宗教では形式的な儀礼を否認し、偶像崇拝を禁止し、苦行を制し、カーストを否認し、いかなるカーストの者とでもともに同一食物を食し、食物に関する禁忌をなくし、酒・麻薬・煙草を禁じ、世俗の普通の職業に従事し、他人に奉仕すべきことを勧め、宗教の道徳的側面を強調している。

最後の第十代の法王（Guru）であったゴーヴィンド・シング（Govind Singh）はシク教を形式化し、信徒は五つのkを身に保つべきであると定めた。それは、⑴長髪（kes）、⑵膝上までのパンツ（kacch）、⑶鉄の環（kara）、⑷懐剣（kripān）、⑸櫛（kaṅgha）である。それ以来、シク教は独立の宗教としての様相を顕著に示すようになった。また、かれのときから、信徒はすべて自分の名がシング（singh「獅子」の意）という語で終わるべきであると定めたが、特殊な習俗として、毛を剃ることを禁じ、男はターバンを巻くことになっている。

ナーナクを初代として十人のグル（guru 師）が順次に教団を統理したが、第六代ハル・ゴービンド（Har Gobind 一六〇六―一六四五年統理）のとき以後回教の王侯と抗争し、グルが処刑されたりしたために、教団を軍事団体に編成して王権と抗争し、パンジャーブ州を中心として一大王国を建設したが、一八四九年にイギリスが併合した。現在ではシク教徒は進取の気性に富み、重労働に堪え、機械の操作に関して特にすぐれた素質を示している。今日でもインドのタクシー運転手などにはシク教徒が多い。またインドには乞食が多いが、シク教徒の乞食は一人もいない。「乞食になるくらいなら餓死せよ」と教えられているからである。

九　パールシー教

パールシー教徒（Parsis）とは、八世紀に回教徒の軍隊に追われてグジャラートの海岸に逃げて来たペルシアのゾロアスター教徒たちを、ヨーロッパ人がそのように呼んだのである。かれらがインドに逃亡して保護を求めたとき、インドの王侯は二つの条件のもとに、定住を許した。⑴ペルシアの言語をすてる。⑵婦女はインドの服装をする。パーシーたちはこれを承諾した。だから今日でもかれらはその土地のことばを語り、婦女はサーリーをまとって同化している（しかし今日、サーリーを捨てて洋装するのに最も積極的なのは、パールシー婦人たちである）。かれらは唯一の全知なる主神アフラ・マヅダ（Ahura Mazda）を信じている。この神の身体は無量なる光であり、最高の天に住んでいるという。この神は善の霊と悪の霊とを創造した。人間には可滅の部分と不滅の部分とがあるが、霊魂は不滅であり、悪の霊と戦うことにより死後には天で善の霊と共住し得るに至るという。聖火の殿堂や屍体を鳥に食わせて葬る場所（dahma）を今日なお保存し、祖先追憶の祭りを行なう。

パールシー教徒は現在ボンベイを中心として約十万人あまりいるにすぎないが、インドにおける鉄鋼・航空・自動車などの重工業はパールシー教徒によって開始され、かれらは一般に富裕であり、教育や科学振興に熱心で、社会公共事業に尽力し、西欧化が最も進んでいる。これは、かれらが現実肯定的であり、また少数民族であるため苦難に打ち克って精励努力し、さらに、宗教的禁忌やカースト制度をもたぬために、近代文明の摂取が容易であったからであると考えられている。

第十章　外国資本主義制圧下における思想運動

一　近代西洋との政治的交渉

イギリスの東インド会社は一六〇〇年に設立されたが、十八世紀後半から積極的にインド経営に着手し、一歩一歩勢力を拡張した。逐次フランスの勢力を凌駕し、シク教徒を破って西インドを略取し（一八四九年終了）、セポイの反乱（The Sepoy Mutiny 一八五七年）[1]とともにムガル帝国を亡ぼし、一八七七年にヴィクトリア女王（Queen Victoria）がインド女帝の位を兼ねることになり、ここにインドは完全にイギリスの領土となった。イギリスはインドの土着工業を破壊し、重税と束縛によって民衆を苦しめたので、次第に反英運動が盛んとなり、一八八五年にはインド国民会議（Indian National Congress）が設立され、日露戦争における日本の勝利（一九〇五年）はインド民族の独立運動に強い刺戟を与えた。

民族独立運動の指導者としては、バネルジー（Surendranath Banerjea）はインド協会を組織して知識階級の世論を糾合し、第一回の国民会議議長となった。国民会議の急進派指導者であったティラク[2]（Lokamanya Bāl Gaṅgādhar Tilak 一八五六―一九二〇年）は、もと古典学者であったが反英運動に投じ、数回投獄された。最後に全インド的な政治指導者となったのはガンジー（後出）である。一九四七年に独立が認められ、一九五〇年にインド連邦共和国が成立し、憲法を制定した。第二次世界大戦が独立の機縁となったために、日本側についてアメリカ・イギリスなど連合軍と戦ったインド人志士たち（Chandra Bose, Mahendra Pratap など）は建国の英雄として尊敬されている。

（1）ただし、現在のインド人はこれを「最初の独立戦争」と呼んでいる。
（2）かれの Śrīmad Bhagavadgītā Rahasya or Karma-Yoga-Śāstra は、一九一五年にマラーティー語で著わされてから、インド諸語および英語に訳され、非常な反響をよび、現代のインド人に行動尊重の思想をよび起こした。ヴェーダ学者としてのかれは特殊な学説を唱えた（佐保田鶴治『古代印度の研究』京都印書館、昭和二十三年、二九頁以下）。

二　宗教改革運動

この時代には西洋思想の刺戟を受けてインドの宗教ないし社会を改革しようとする運動[1]がいろいろと現われた。その先端を切ったのは、ラーム・モーハン・ローイ（Ram Mohan Roy 一七七二―一八三三年）によって一八二八年に設立されたブラーフマ協会（Brāhma-Samāj）である。かれは唯一なるブラフマンのみを崇拝すべきであると説き、カーストの区別を否認し、寡婦再婚を認め、イギリス総督を動かして寡婦焚死(2)(Satī, Suttee) の習俗を禁止せしめた。その会員には知識人が多く (Debendranath Tagore 一八一七—一九〇五年、Brajendranath Seal など)、またキリスト教化した人も現われた (Keshab Chandra Sen)。一八六七年にボンベイに創立されたプラールタナー協会 (Prārthanā-Samāj) も同様のものである。

しかし、十九世紀におけるインド改革運動のもっとも有力なものはアーリヤ協会 (Ārya-Samāj) であった。ヨーガ修行者であったダヤーナンダ・サラスヴァティー (Dayānanda Sarasvatī 一八二四—一八八三年) が一八七五年に創立したものである。かれは当時のヒンドゥー教の堕落を痛撃するとともに、「ヴェーダに帰れ」と絶叫した。偶像崇拝を排斥し、神の化身の観念を否定し、霊場巡礼や祖先崇拝を、無用の迷信であるといって非難し、婦人の地位の向上につとめた。インド人の国民感情に訴えるところ多く、一九二一年には四十六万人の会員を得、多くの政治家・有力者が加入した。教育と社会事業の面では、多大の成功を収めている。

現代インドにおける最大の教団で世界的に活動を示しているのは、ラーマクリシュナ・ミッション(3) (The Ramakrishna Mission) である。ラーマクリシュナ (Rāmakṛṣṇa 一八三六—一八八六年) はベンガルのバラモンの家に生まれ、カーリー (Kālī) 女神を崇拝していた。かれは異常な神秘的霊感に富むとともに、近代の合理的思惟の影響を受けているという点で注目すべきである。かれはベンガルのタントラ詩人ラームプラサード (Rāmprasād 一七一八—一七七五年）に傾倒していたが、諸種の宗教の実践生活を体験して、神との合一に達した。そうして、すべての宗教はみな意味のあるものであり、ただ同じ究極真理の異なった局面を示しているにすぎない、教理や教義に執着するのは飢えた人に石を与えるようなものである、人々には愛と奉仕の精神を以て対しなければならない、『神をもとめるのですか？　それなら人間のなかにおもとめなさい。』われわれは人を愛すれば愛するほど神に近づく、と説いた。

ラーマクリシュナは学問に乏しく、その感化も局地的にすぎなかったが、これを世界的なものにしたのは、かれの弟子ヴィヴェーカーナンダ（Vivekānanda 一八六三―一九〇二年）の努力による。かれはカルカッタ大学の卒業生であり、近代的教育を受けていたが、一八九三年にシカゴで開かれた「世界宗教会議」に出席して、諸々の宗教はいずれも絶対の真理を明かそうとするものであるから、互いに協調すべきであると主張した。かれは欧米諸国に教えをひろめ、インドへ帰ってから、ラーマクリシュナの教えを社会活動の上に実践するために、ラーマクリシュナ・ミッションを設立した。「人間は神のすがたであるから、人間に奉仕する活動は神に対する崇拝にほかならない」というラーマクリシュナの思想を押しすすめて叫ぶ、「わが神、貧しき者よ。わが神、病める者よ。わが神、無学なる者よ。」奉仕の行が宗教的修行であると解する。『もし精神の平和がほしいなら、他人に奉仕しなさい。』この団体は教育・出版・療養・厚生・救護の諸事業において卓越した活動を示し、その支部は世界諸国に存する。ただしアジア・アフリカ諸国では社会事業に非常に重点をおいているのに対して、アメリカおよびヨーロッパの諸都市ではむしろ精神的・内面的な修養を重視し、白人のうちでもやや余裕のある階層の人々に呼びかけている。

ラーマクリシュナ・ミッションは他の同種類の教団の範型となっている。プラナヴァーナンダ（Praṇavānanda 一八九六―一九四一年）によって一九一六年に創始されたインド奉仕教団（Bharatasevāśrama-saṃgha）は国民主義的な傾向が強い。

またラマナ（Ramaṇa Maharṣi 一八七九―一九五〇年）は南インドのマドゥライ近郊の弁護士の子として生まれたが、シヴァ神そのものと信仰されているアルナーチャラ（Aruṇācala）山にあこがれ、その麓の霊場（Tiruvannamalai）にこもって終生一歩もそこから出ることなく、ひたすら「自分自身の中に沈潜する」ことに努めたが、感化力の大きい人であって、かれを慕って訪ねて来て教えを請うインド人・外人が絶えなかった。かれはヒンドゥー教の伝統的な簡素・清純な生活理想を実践しつつ、カースト制度を否認し、バラモンのしるし（聖紐）を自発的に捨て去り、宗教や民族の差を超えた愛を説いた。かれの道場（āśrama）では静けさと愛情にみちた雰囲気のうちに人々が修養につとめている。

いかなる宗教をも受け入れようとする点では同様の傾向をもつ神智協会（The Theosophical Society）はブラヴァツキー夫人（Madame Blavatsky）とオルコット大佐（Colonel Olcott）によってインドに導き入れられたが、インド人をして自己の文明の自覚をとりもどさせるのに貢献した。この協会は教育事業に尽瘁《じんすい》しているが、マドラス郊外のアディヤル（Adyar）にある本部では、最新の設備をそなえた図書館を経営し、幾多の貴重な古写本を所蔵・刊行している。

キリスト教は主として南部インドの最下層民の間にひろがったが、信徒数は全人口の二・四パーセントに達し、インド第三の大宗教となっている。また信徒でないインド知識人にも顕著な影響を与えた。

近年には仏教復興運動も起こりつつあり、セイロン人であったダンマパーラ（Dhammapāla 一八六四―一九三三年）が一八九一年に創立した大菩提会（The Mahābodhi Society）が、荒れはてた仏跡の保存修理、仏跡巡礼の実行、大都市を中心とする仏教普及につとめて来た。しかし絶無に帰した仏教がインド独立後に急激に増大したのは、それがアンベードカル（Dr. B. R. Ambedkar 一八九一―一九五六年）を指導者とする不可触賤民（Untouchables）の解放運動の指導原理とされたからである。一八五一年にはインドの仏教徒は僅かに十八万人にすぎなかったが、一九六一年には三百二十六万人に達し、十八倍に増加し、インド第五の宗教となっている。また日本山妙法寺の運動も注目されている。一般インド人は仏教はヒンドゥー教の一分派であると考えている。

インド連邦は政治と宗教とを分離した世俗国家であることを憲法に規定し、いかなる宗教をも援助したり迫害したりしないという基本的原則を確立しているが、釈尊はインドの生んだ偉大な精神的偉人であり、その教えのうちには、あらゆる国々・民族が宗教の差を超えて傾聴すべきものがあるという見解に立って、インド政府も釈尊を顕彰する大きな会合を公けに主催している。

（1）藤吉慈海『現代インドの宗教』（其中堂、昭和三十年）。*『東洋人の発言』。
（2）稲津紀三「デーヴェンドラナート・タゴールの宗教生活と、印度宗教哲学史上における彼の地位」（『印仏研』第二巻、三三八頁以下）。
（3）Romain Rolland: La vie de Ramakrishna, Paris 1929（宮本正清訳『ラーマクリシュナの生涯』みすず書房、昭和二十五年）。ラーマクリシュナ・ミッションの刊行物は非常に多く、それだけで一つの図書館や書店ができている。東京ラーマクリシュナ・ヴェーダーンタ協会編『ヴィヴェーカーナンダのことば』（昭和三十六年）。

三　ガンジー

インド独立の父ガンジー(1)（ガーンディー Mohandas Karamchand Gāndhī 一八六九―一九四八年）は一九一四年以来国民会議派の指導者として、兇徒の弾丸に倒れるまでインド民族のために活動した。かれは世の革命家と同一類型の人ではなかった。かれの唱えた運動は「真理の把持」（satyāgraha）と呼ばれるものであるが、暴力を否定し、不傷害（ahiṃsā）の理想を掲げている。かれは平和的な手段を用いつつ、イギリスの制覇を覆えそうとした。イギリス製品の不買（svadeśī）〔自国の物の意〕を実行するとともに、農村における遊休労働力を利用して家内工業を起こし、民族資本の蓄積をめざした。宗教を政治に具現したところに、かれの思想史的に独自の意義が認められる。かれはインド人の奉ずるすべての宗教を尊重していた。

（1）〔翻訳〕蠟山芳郎訳『自叙伝』（『世界の名著』第六十三巻、中央公論社、昭和四十二年）、大山聡、抄訳「ガーンディー・自叙伝」（『世界大思想全集』第二十二巻、河出書房新社、昭和三十七年）、丸山行遼訳『人類愛の律法』（日本山妙法寺、昭和三十三年。ガンジーの Non-violence in Peace and War の訳）。〔評論〕蠟山芳郎『マハトマ・ガンジー』（岩波新書、昭和二十五年）、Romain Rolland: Mahatma Gandhi, Paris 1924（宮本正清訳『マハトマ・ガンヂー』みすず書房、昭和二十四年）。ガンジー関係の書はあまりにも多いので一々列記できない。次の目録のあることを記しておこう。Gandhiana (A Bibliography of Gandhian Literature), compiled by P. G. Deshpande, Ahmedabad 1948.

四　タゴール

タゴール[1]（Rabīndranāth Tagore 一八六一―一九四一年）はベンガル語による詩人であったが、しかし哲学的な世界観をもっていた。神は創造作用において自己を顕現した。現象世界の矛盾・混沌の奥を洞察するならば、神の創造活動の美と調和を見出し得る。絶対者は非人格的なブラフマンであっても、われわれはそれを最高の人格として考えねばならない。無限定なるものを限定する者は人格である。かれは西ベンガルのシャーンティニケータン（Śāntiniketan）の閑静な境域に独自の学風ある大学を創始した。そこでは大自然にいだかれた雰囲気の中で芸術的創造を重んじ、インドの伝統美を尊重するとともに国際的交流をはかっている。

（1）『タゴール著作集』八巻（アポロン社）。

五　ネールー

インドの独立ならびに近代国家としてのインド連邦の形成・発展に最も功績のあった指導者はジャワハルラール・ネールー（Jawaharlal Nehru 一八八九―一九六四年）であった。富裕な弁護士の子として生まれ、イギリスで教育を受けたが、ガンジーの感化を受けて独立運動に挺身し、投獄された。インド独立の時から逝去に至るまで首相の地位に在ったが、インドの伝統的な寛容と忍耐の精神にもとづいて、独立国家としての発展につとめ、社会主義的政策を実施した。かれは世俗的生活のうちにおける建設的活動を重んじ、特定の宗教を標榜することはなかった。国際的には世界平和の理想を高く掲げ、中立非同盟の立場を堅持し、中印紛争が起こるまでは世界の指導者としても重きをなしていた。その基盤となったのは、世界的視圏から事象を観察・理解しようとするかれの思想的立場であり、『自叙伝』(Autobiography, 1936)、『インドの発見』[1] (The Discovery of India, 1946)、『世界史論』(Glimpses of World History, 1934) など多数の著書を残している。

(1) 辻・飯塚・蠟山訳『インドの発見』(岩波書店、昭和二十八年)、蠟山芳郎訳『自叙伝』(『世界の名著』第六十三巻、中央公論社、昭和四十二年)、坂本徳松・大類純訳『演説集』(『世界大思想全集』第二十二巻、河出書房新社、昭和三十七年)。大山聡訳『父が子に語る世界歴史』(みすず書房)。

六　新しき哲学への歩み(1)

インドの精神的伝統を現代に生かすという点で最も指導的な哲人は、オーロビンド・ゴーシュ(Aurobindo Ghosh 一八七二―一九五〇年)であった。カルカッタに生まれ、ケンブリッジで教育を受け、帰国後反英運動の志士として活動し、投獄されたこともあるが、のちにはヨーガ行者となり、ポンディチェリ(Pondicherry)に隠棲して修道院を建設し、『聖なる生活』(The Life Divine, Calcutta and New York 1944, 47)その他多数の著書を著わした。かれは行為的実践(karmayoga)の意義を強調する。ヨーガの目的は、絶対者の力を集めてそれを地上における神の王国の建設に用いることである。絶対者シヴァは個我と本質的には同一であり、物質世界はシヴァの可能力(sakti)の顕現したものであるから、そのことが可能である。シヴァを悟ってその可能力を自由に駆使し得る人は超人である。超人は自分の自我をシヴァに捧げた人である。かれはかかる特別の人々の養成をめざした。

西洋の哲学思想が移入されると、それに刺戟されて、西洋哲学との対比においてインド哲学を反省する動きが出て来た。カルカッタ大学のシール教授はヴィシュヌ教とキリスト教との思想的類似を指摘し、ボーダス（Bodas）判事はインドの論理思想が普遍的意義のあることを主張した。インドの哲学思想を哲学者一般の関心のもとにもたらしたという点で最も功績の大きいのはラーダークリシュナン（Sir Sarvepalli Radhakrishnan 一八八八年―）である。かれは西洋哲学との対比においてインド哲学を開明することによって「人間的であるが故に、インド的でもなければヨーロッパ的でもない人間の心の親しい鼓動を感じ」ようとした。そうしてかれは過去の文化遺産を継承して「未来の世代をして世界市民たるべく訓練する」ことが必要であると主張する。かれの哲学的立場は、伝統的なヴェーダーンタ哲学、ことにシャンカラのそれを受けて一元論的であるが、現実生活を肯定するという点で明らかに異なった面を示している。かれは第二代のインド連邦大統領となったが、専門の哲学者が元首となったという点では世界で最初の事例である。

また、社会思想家として知られているバガヴァーン・ダース（Bhagavān Dās 一八六八―一九五八年）は、自分の哲学を「自己自身についての科学的知識」（Ātmavidyā）とよんでいる。かれは、実在の形式は「われはこれに非ず」という表現で最も良く示されるとし、「われ」と「これ」との間の緊張関係を可能力（śakti）と呼んでいる。かれは聖仙マヌを模範として、完全な自治を実現しようとめざした。(2)

（1）＊『比較思想論』（岩波全書）、＊『ラダクリシュナンの人と思想』（平凡社、昭和三十一年）。
（2）現代インドの哲学思想一般の解説としては、玉城康四郎『近代インド思想の形成』（東大出版会、昭和四十年）。

第十一章　〔附論〕科学思想

〔学問論〕

インド人はその伝統的な思惟方法により向内的・反省的であるために、哲学や宗教の方面でいちじるしい発達を示し、多くの典籍を残しているが、客観的自然対象に関する考察はそれほど行なわれず、したがって自然科学はさほど盛んではなかった。しかし古代の偉大な文明民族の一つとしてインド民族は自然科学の方面でも相当大きな業績を示している。ただ注目すべきことは、インド民族は古来宗教性が強いために、自然科学もつねに宗教と結びついている。自然科学の諸書は開巻劈頭《かいかんへきとう》に神々に対する讃嘆・帰依のことばを述べている。西洋の科学が神学を脱したときに始めて純科学となったのに対して、インドではどこまでも神々の権威や信仰と結びついている。現代インドの自然科学研究所でさえも、神々に対する礼拝を行なう。かかる傾向は、決して特殊な信仰によって科学を歪曲することを意味するのではない。信仰と科学とは対立的なものではなくて、融合・協力するものと考えられた。

〔諸学の体系〕

バラモン教では西紀前三、四世紀以前に、ヴェーダ聖典研究のための補助学科（Vedāṅga）として、祭事学（kalpa）・音韻学（śikṣā）・韻律学（chandas）・天文学（jyotiṣa）・語源学（nirukta）・文法学（vyākaraṇa）の六種が認められ、祭事学のうちには天啓経（śrauta-sūtra）・家庭経（gṛhya-sūtra）・律法経（dharma-sūtra）・祭壇経（śulva-sūtra）の学問が含まれていた。[(1)] したがって、もろもろの自然科学のうちでは天文学が最初に独立の学として立てられていたことがわかる。さらに後代にはヴェーダ副補助学（Upāṅga）として、古伝話・論理学・ミーマーンサー学（ヴェーダ聖典に関する哲学）・律法論を認め、副ヴェーダ学（Upaveda）として医学・兵学・音楽学・実利学を認めていた。

（1）*『東洋人の思惟方法』第一巻（春秋社、昭和三十六年）、宇井『印哲研』第四巻所収「種々なる道」、善波周氏の諸論文。なお数学と宗教的思惟との特殊な連関の検討として、末綱恕一「華厳思想に於ける数論に就いて」（雑誌『基礎科学』第二十三号、昭和二十六年四月）がある。インド医学に関しては P・クトムビア著、幡井勉、坂本守正訳『古代インド医学』（出版科学総合研究所、昭和五十五年）が概説としては適当であろう。

〔天文学〕

インドの天文学は、元来祭式を月日に関して間違いなく実行する必要のために生まれた。インド人は宗教的であり祭祀を重要視したために、天文学（jyotiṣa）は六つのヴェーダ補助学の一つとして古くから重んぜられた。祭式を正確な時期に実行するために、まず日月と恒星との関係が取り上げられた。ゆえにインドでは二十八宿の観測が天文学の基底をなし、またそれは必然的に占星術を伴い、天文学と占星術とは全く不可分のものとして発達した。

第一期　ヴェーダ時代。すでに星と季節に関する知識が相当に進歩していた。春分・秋分・冬至・夏至に関する記事がヴェーダ文献の中に現われているが、遅くとも紀元前十三世紀前半にはこれらは実測されていたと考えられる。

第二期　ヴェーダ以後四、五世紀までの時代。その観測が次第に科学的となり、天文学がバラモン教祭祀の従属物たるにとどまらず、次第にインド民族一般の共通文化財となった。代表的天文学書としては『ジョーティシャ・ヴェーダーンガ』（Jyotiṣa-Vedāṅga）とジャイナ教の『スーリヤ・パンナッティ』（Sūriya-paṇṇatti）と漢訳『摩登伽経』（別名『舎頭諫太子二十八宿経』）である。

第三期　ギリシアまたはローマの天文学の影響を受けてインド古来の伝承と融合させた時期。最も有名な天文学書『スーリヤ・シッダーンタ』（Sūrya-siddhānta）はプトレマイオスの天文学と相通ずる点がある。ヴァラーハミヒラ（Varāhamihira）は五〇五年に『パンチャシッダーンティカー』（Pañcasiddhāntikā）をつくったが、従前の失われた天文学書の内容を伝えている。かれはまた『ブリハット・サンヒター』（Bṛhat-saṃhitā）という占星学の書をも著わした。七世紀にはブラフマグプタ（Brahmagupta）が出て学問を一段と細緻ならしめ、十二世紀にはバースカラ（Bhāskara）が現われた。

現在デリー、ジャイプルなどには回教諸王のつくった天体観測所が残っているが、望遠鏡を使わないで行なった観測としては史上で最も精緻なものであったといわれている。

〔数　学〕

インドの数学は祭祀に関連しておこり、天文学と平行して発達した。インド人は数に関する感覚が極めて鋭敏であり、非常に巨大な数や、逆にごく小さな数が宗教聖典や文芸作品の中にしばしば現われる。これはインド人の空想性と分析性とを示している。他方、かかる思索力のために紀元前二世紀ころに零（zero）の観念を発見した。零はシューニヤ（śūnya「空《くう》」という意味）ということばで示される。インド民族は他のどの民族よりも早く十進法による位どりを行なっていた。現在世界的にひろく用いられているアラビア数字も、もとはインド起源であり、分数の記載法もインド人の発明にかかる。

インド最古の数学書は『祭壇経』（紀元前三、四世紀ころ編纂された）である。バラモン教徒は祭祀を極めて重要視したので、祭壇や供物量の面積に関する規定を述べるところで計算を行なっている。この書は、祭事学（kalpa）に属するものであるが、インド人の幾何学的知識を示すものとして注目すべきである。しかし幾何学はその後いちじるしい進歩は認められない。十八世紀始めにジャイプルの王がユークリッドの幾何学をアラビア語からサンスクリット語に翻訳させた。

インドの三角法はギリシアから移入され、天文学的計算に利用されたが、正弦を使用した以外にはすこぶる幼稚であった。しかし算術と代数とに関しては、或る意味でギリシアのそれを凌駕するものがあった。

算術に関しては昔から暗算（gaṇanā）と指算（mudrā）とが行なわれていたが、各種シッダーンタに至ってはじめて本格的となった。アーリヤバタ（Āryabhaṭa 四四九年）は開平・開立・級数などの算術的問題を記述しているが、加減乗除の法を記していない。これは恐らく解り切ったこととして特に記載しなかったのであろう。しかしブラフマグプタ（七世紀）やバースカラ（十二世紀）は八種の運算法や二十種の計算術などを挙げている。

代数のほうではサンスクリット語の頭字から取った符号や正負などを使用して、二次方程式なども説き、バースカラは遊星の運動に近代の微分に似た方法さえも用いている。

全体として計算の方面では相当高度の発達をとげたが、証明などに関する理論的発展のあとはほとんど認められない。例えばピタゴラスの定理を述べる場合にも、証明を行なわず、ただ「見よ！」といって図形について直観的に教えているだけである。

〔医　学〕

インドの科学は宗教と連関しているために、人間の病を癒やす学問としての医学(āyurveda)は科学の代表と見なされた。「知識をもてる」という意味の vaidya が、そのまま「医者」を意味する。豊富な薬草の存在はまた医学の発達を助けたと考えられる。医学的知識はすでにヴェーダ聖典のうちに現われ、医者に言及し、骸骨の数まで正確に数えられている。仏教興起時代には医学はいちじるしく進歩し、ジーヴァカ(Jīvaka 耆婆)のような名医の存在が知られている。仏教の四諦・十二因縁の説きかたは、医学のそれを模したものであると考えられている。医学書としては、内科医チャラカ(Caraka 二世紀)に帰せられる『チャラカ本集』(Caraka-saṃhitā)は、特に健康保持の手段として食事と睡眠と節制とに重点を置いているが、単に医学のみならず倫理学や哲学をも述べている。外科医スシュルタ(Suśruta 二―三世紀)に帰せられる『スシュルタ本集』は『チャラカ本集』よりやや遅れて編纂されたと考えられる。ヴァーグバタ(Vāgbhaṭa)に帰せられる二冊の書は、一方は六世紀ころ、他方は八世紀ころのものである。病気の発見・治療・薬草に関する知識は非常に進歩し、六、七世紀ころから薬物に関する辞書も数種つくられた。解剖・手術や種痘なども行なわれていたという。しかし全体として宗教的色彩が強く、医書の中に医者の教養として哲学・宗教・倫理の問題が論ぜられている。

〔化　学〕

インドの化学は医学から出発した。治療・長寿のための薬草使用が記されている。化学のことを「ラサの道」(rasāyana) と呼ぶが、ラサとは薬草などの汁のことであり、後には水銀を特に使用するに至った。その結果、一種の錬金術が発達し、鉱石やアルカリなどの薬品に関する知識も成立した。しかしインド人の空想性に禍されて、十一世紀ころには単なる魔術と化していた。そうしてそれがヒンドゥー教の信仰と結びつき、不死の薬、水銀を使用することによってシヴァ神との合一をめざす水銀派 (Raseśvara-darśana) のような宗教も成立した。

精錬の技術も進歩していたらしい。デリー郊外にある鉄柱は千数百年雨ざらしになっているが、少しも錆びないのは技術の優秀さを示す。鋳鉄の技術は中世ヨーロッパよりも進歩していたといわれるが、その伝統が途絶してしまったのである。

その他、物理学・植物学・動物学・農学・科学方法論に関しても若干の成果を示している。なお美学はまとめて述べられていることはないが、修辞学・演劇論・音楽論・建築論・彫像論などの書のうちに論ぜられている。

インド人の伝統的な思惟方法として、個別者・特殊者を軽視して普遍者を重視する傾向がある。かかる傾向によると、法則定立的な学問が重んぜられて、個性記述的な学問が発達しにくなる。したがってインドでは、歴史学・地誌学・博物学などはあまり発達しなかった。

インド諸宗教信徒数（一九七一年国勢調査）

ヒンドゥー教徒	四五三、二九二、〇八六（人）	八二・七二（％）
イスラーム教徒	六一、四一七、九三四	一一・二一
キリスト教徒	一四、二二三、三八二	二・六〇
シク教徒	一〇、三七八、七九七	一・八九
仏教徒	三、八一二、三二五	〇・七〇
ジャイナ教徒	二、六〇四、六四六	〇・四七
その他	二、二三〇、六三九	〇・四一
総計	五四七、九四九、八〇九	一〇〇・〇〇

参考文献の手びき

インド哲学史なるものをともかくまとめて叙述した最初のものは、

P. Deussen: Allgemeine Geschichte der Philosophie I, 1–3, Leipzig 1894 f.（略号 AGph.）

である。そののちインド哲学の研究は長足の進歩を示し、特にインド人の学者によって大著が物せられた。

S. Radhakrishnan: Indian Philosophy, 2 vols., London 1923, 1927.

はインド哲学全般にわたる解説研究書であるが、非常に解り易い英語で書かれ、また西洋思想との比較が良くなされているという点で世界的に有名である。また

S. Dasgupta: A History of Indian Philosophy, 5 vols., Cambridge 1922 f.（略号 Dasg.）

は多数の未刊の写本をも読了してその内容を紹介しているので、資料的意義に富んでいる。資料をよくよみこなして出典が厳密である力作という点では、

Jadunath Sinha: A History of Indian Philosophy, 2 vols., Calcutta: Central Book Agency, 1952, 1956.

を推したい。また海外で出版された簡潔な概説としては、

Otto Strauss: Indische Philosophie, München 1925.

Paul Masson-Oursel: Esquisse d'une histoire de la philosophie indienne, Paris 1923.

Helmuth von Glasenapp: Die Philosophie der Inder, Stuttgart 1949.

などがあるが、

Erich Frauwallner: Geschichte der indischen Philosophie, I. Band, Salzburg 1953; II. Band, 1956.

はやがて五巻完結したならば、ヨーロッパ学界の最高水準を示すことになるであろう。

まだその他にもあるが、今は主なものを挙げたにとどまる。

Hermann Jacobi: Die Entwicklung der Gottesidee bei den Indern und deren Beweise für das Dasein Gottes, Bonn 1923（山田竜城・伊藤和男訳『印度古代神観史』（大東出版社、昭和十五年））

も神の観念という特殊な観点からの興味深いインド思想史である。

従来の伝統的なインド哲学史は戦後三方面から痛烈な批判を受けるに至った。第一は、西洋の学者は東洋の心を理解しないと非難するアジア、特にインドの学者のそれである。かかる意味で主としてインドおよびアジア諸学者の協力になる

History of Philosophy Eastern and Western, 2 vols., London 1952, 53, ed. by S. Radhakrishnan and others.（とくに第一巻、略号 HPhEW.）

The Cultural Heritage of India, vol. III, The Philosophies, ed. by Haridas Bhattacharyya,

Calcutta, The Ramakrishna Mission Institute of Culture, revised ed. 1953.
はともに、インド政府後援のもとに一流の学者の共同執筆になったものとして注目すべきものであるが、ヨーロッパのインド学に対する批判的態度が現われている。なおインド人の手になる有名なものとしては、

M. Hiriyanna: Outlines of Indian Philosophy, London and New York 1932.
S. C. Chatterjee and D. M. Datta: An Introduction to Indian Philosophy, Calcutta 1939.

第二に、インド思想を単に文献研究ではなくて、人間の現実生活に即して理解すべきだという主張が、ことにアメリカの学者の間で強く唱えられている。その代表的な概説書としては

Heinrich Zimmer: Philosophies of India, New York 1951.
The Religion of the Hindus, ed. by K. W. Morgan, New York 1953.

が挙げらるべきであろう。第三に従来のインド哲学研究はブルジョア的立場に立ち観念論的処理に堕していたから、唯物史観の立場から書き換えらるべきであるという主張で、ロシアで部分的な研究が現われているが、東独の

Walter Ruben: Geschichte der Indischen Philosophie, Berlin 1954（略号 Ruben: GIPh.）
——: Einführung in die Indienkunde, Berlin 1954.

はその顕著な結実である。

〔戦後の研究の新方向については、中村元『いまの世界と東洋思想』（山喜房仏書林、昭和三十年）、『インド紀行』（春秋社、昭和三十八年）のうちに詳述しておいたから参照されたい。これに対

して、従前の西洋における研究史としては、

E. Windisch: Geschichte der Sanskrit-Philologie und indischen Altertumskunde, 2 Bände, Strassburg 1917, 1920.

渡辺海旭『欧米の仏教』(『壺月全集』上巻所収)

がある」。

これらに対してわが国の研究成果としては、周知のごとくまとまったものとしては、

宇井伯寿『印度哲学史』(岩波書店、昭和七年)

〃『印度哲学史』(日本評論社、昭和十一年)

金倉円照『インド哲学史』(平楽寺書店、昭和三十七年)

があり、いずれも西洋学者の追随を許さぬ独自の意義を示している。特に最初の書は本邦におけるインド哲学史の研究のための出発点となった書であり、ことに年代論に関しては確実な礎石が築かれている。

宇野精一・中村元・玉城康四郎編『講座東洋思想』(東大出版会、昭和四十二年)、第一巻、インド思想、第五巻、仏教思想I。

これは新進学者の分担執筆になる。それだけに解り易い。

インド哲学史と並んで、インド文芸史(ないし文献史)についても注意する必要がある。

Albrecht Weber: The History of Indian Literature, translated by J. Mann and Th. Zachariae, London 1878.

は同著者の Akademische Vorlesungen über indische Literaturgeschichte, 2 Aufl. Berlin 1876 の英訳であるが、英訳のほうがはるかに内容が増補されているから、そのほうが一般に参照されている。その内容は正確ではあるが、初学者には無味乾燥と思われるであろう。

J. N. Farquhar: An Outline of the Religious Literature of India, London 1920.

は歴史的叙述として極めてすぐれたものであり、読んでいてもなかなか面白い。附録の文献目録も便利である。しかしインド文芸（ないし文献）についての最大にして最も権威ある叙述は、

Moritz Winternitz: Geschichte der indischen Litteratur, 3 Bde., Leipzig 1908 f.（英訳増訂版、A History of Indian Literature, tr. by Mrs. S. Ketkar, 2 vols., University of Calcutta, 1927, 1933〔略号W〕。本書では第一・二巻は英訳から、第三巻はドイツ語原書から引用した）

である。これは一般読者のために著わされた興味深い良書であるが、その脚註は専門家にも極めて重要である。物語や詩などの抄訳も掲載され、文体も平明で解り易い（そのうち、「仏教文学史」の部分だけは、中野義照・大仏衛訳『印度仏教文学史』として邦訳出版された。近年中野博士により全訳が刊行されつつある）。思想的な方面でこれと類似した性格のものとして、

金倉円照『印度古代精神史』（岩波書店、昭和十四年）、『印度中世精神史』上・中（同、昭和二十四年、三十七年）

があり、文芸史としては、

A. A. Macdonell: A History of Sanskrit Literature, London 1907.

は名著であるが、邦文の好適なものでは、

田中於菟弥『インドの文学』（明治書院、昭和四十二年）

が良いであろう。近世インドの宗教ならびに文芸作品の意義を強調したものとしては、

H. von Glasenapp: Die Literaturen Indiens von ihren Anfängen bis zur Gegenwart, Wildpark-Potsdam 1929.

などがある。

インド思想を社会科学的に考察するには、

D. D. Kosambi: An Introduction to the Study of Indian History, Bombay, Popular Book Depot, 1956.

は特にすぐれている。文化交流の史的考察としては、

シルヴァン・レヴィ著、山口・佐々木訳『インド文化史』（平楽寺書店、昭和三十三年）

は良書である。インド人の思惟方法を論じたものとしては、

中村元『インド人の思惟方法』（春秋社、昭和三十六年）。

インド文化に関する百科辞典的解説として、最も包括的で最新の研究にもとづくものは、

Louis Renou et Jean Filliozat: L'Inde Classique, 2 tomes, Paris 1947, 1953.

である。（邦訳、山本智教訳『インド学大事典』金花舎、一九七九年）。

James Hastings: Encyclopaedia of Religion and Ethics（略号 ERE.）

の中に多数のインド学関係の項目があるが、いずれも専門学者の執筆にかかり、古いが信頼

すべきものである。

年代表

（本書にあげたものを主とする）

年代	政治的諸事件	文化現象（年代のかなり判明しているもの）	文化現象（年代が大まかな推定にもとづくもの）
西紀前			
三〇〇〇—二五〇〇	インダス文明		
一三〇〇ころ	アーリヤ人のインド侵入		
一〇〇〇ころ			リグ・ヴェーダ成立
一〇〇〇—八〇〇	アーリヤ人ガンジス河流域へ進出す		ヴェーダ本集成立
			ブラーフマナ
			初期の古ウパニシャッド
五〇〇ころ	都市の成立	六師	
		ゴーサーラ（三八八ころ歿）	
		ゴータマ・ブッダ（四六三—三八三ころ）	
		マハーヴィーラ（四四四—三七二ころ）	

三二七	アレクサンドロス大王侵入	パーニニ（三五〇ころ）	
三二三	アレクサンドロス死す		カータカおよびシヴェーターシヴァタラ・ウパニシャッド
三一七	マウリヤ王朝始まる	カウティリヤ	
三〇〇ころ	メガステネース来る		サーンキヤ学派成立
二六八—二三二	アショーカ王	仏教全インドにひろがる 上座部と大衆部の分裂	原始仏教聖典成立 祭事経成立
一八〇ころ	マウリヤ王朝滅び、シュンガ王朝始まる	カーティヤーヤナ（三五〇ころ）	ヒンドゥー教興起
一六〇ころ	メナンドロス王	カーティヤーヤニープトラ（前二世紀）	説一切有部成立
一三〇ころ	カーラヴェーラ王	パタンジャリ（一五〇ころ）	マイトラーヤナ・ウパニシャッド
		ジャイミニ（二〇〇—一〇〇） 小乗諸部派の分裂終わる（一〇〇ころ）	バガヴァッド・ギーター原形成立
七五—三〇ころ	カーヌヴァ王朝	ヴァイシェーシカ学派始まる（一五〇—五〇）	マーンドゥーキヤ・ウパニシャッド

四八—三三ころ	マウエース王	バーダラーヤナ（一〇〇—一）	
一七—一五	アゼース王		
西紀後			
二五ころ	クシャーナ族が他の月氏部族を支配す		
四七ころ	グドゥヴハラ王		
六〇より後	クジューラ・カドフィセースの西北インド攻略	ヴァイシェーシカ・スートラ（五〇—一五〇）	バガヴァッド・ギーター現形確定
	ウェーマ・カドフィセース	ガウタマ（五〇—一五〇）	ミーマーンサー・スートラ（一〇〇ころ）
一二九—一五二	カニシカ王の統治	チャラカ（二世紀）	マヌ法典成立
		大毘婆沙論成立	大乗仏教興起
		アシヴァゴーシャ	
二〇〇ころ	クシャーナ王朝衰微す	法勝	
		ナーガールジュナ（一五〇—二五〇）	
		アーリヤデーヴァ（一七〇—二七〇）	スシュルタ
		ラーフラバドラ（二〇〇—三〇〇）	
三二〇	チャンドラグプタ即位（グプタ王朝始まる）	ニヤーヤ・スートラ（二五〇—三五〇）	
		マイトレーヤ（二七〇—三五〇）	

		イーシュヴァラクリシュナ（四世紀）	成実論（三—四世紀）
		アサンガ（三一〇—三九〇）	
三二〇ころ	サムドラグプタ即位	ヴァスバンドゥ（三二〇—四〇〇）	
		クマーラジーヴァ長安に至る（四〇一）	
		ブラフマ・スートラ（四〇〇—四五〇）	叙事詩成立（四〇〇ころ）
四七六	西ローマ帝国滅亡	ヨーガ・スートラ（四〇〇—四五〇）	古いプラーナ
		ブッダゴーサ（四二五—四五〇ころ）	
		クンダクンダ（四—五世紀）	大乗起信論
		ディグナーガ（四〇〇—四八〇）	
四八〇ころ	匈奴侵入	ウパヴァルシャ（四五〇—五〇〇）	
		バルトリハリ（四五〇—五〇〇）	
五〇〇ころ	グプタ王朝衰微	ヴィヤーサ（五〇〇ころ）	
		安慧（四七〇—五五〇）	
		バヴィヤ（清弁）（四九〇—五七〇ころ）	
		ヴァラーハミヒラのパンチャシッダーンティカー（五〇五）	

五三三

六〇六—六四七

ヤショーダルマン王匈奴を破る

ハルシャ王統治

菩提達磨広州につく（五二〇）

ウマースヴァーティ（五—六世紀）

シャバラスヴァーミン（五五〇ころ）

真諦（五四六シナへ渡る）

ウッディヨータカラ（六世紀後半）

護法（五三〇—五六一）

慧月（五五〇—六五〇）

竜猛（六〇〇ころ）

玄奘（六〇〇—六六四）

ダルマキールティ（六五〇ころ）

ガウダパーダ（六四〇—六九〇）

クマーリラ（六五〇—七〇〇）

義浄の旅行（六七一—六九五）

プラバーカラ（七〇〇ころ）

シャーンタラクシタ（六八〇—七四〇）

シャンカラ（七〇〇—七五〇）

ヴァーグバタ

タントラ（七世紀ころから）

ブラフマグプタ（七世紀）

アールワール（六五〇—八五〇）

七三〇ころ—一一七五ころ	パーラ王朝	インドラブーティ（八世紀） ジャヤラーシ（八世紀）	カシュミールのシヴァ派始まる
	回教徒、西北インドに侵入（八世紀）	バースカラ（八世紀後半） ヴァーチャスパティミシュラ（九世紀） ハリバドラ（九世紀） アビナヴァグプタ（九六〇ころ） アティーシャ（九八〇—一〇五二）	
	回教徒、インドの中央部に侵入（十一世紀始め）	時輪タントラ（約一〇二七—一〇八七） ラーマーヌジャ（十一世紀前半—一一三七） ヘーマチャンドラ（一〇八九—一一七三）	天文学者バースカラ（十二世紀）
一二〇三	ヴィクラマシーラ寺院焼却さる	バサヴァ（一一六〇ころ） マドヴァ（一一九七—一二七六）	
一二〇五	回教徒、北インドを支配	ジニャーネーシヴァラ（一二九〇）	

一二〇六—一二九〇	奴隷王朝		ヴァダガライ派とテンガライ派と分かる（十三世紀）
一二二一	成吉思汗の軍インダス河畔に至る	ガンゲーシャ（十三世紀）	
	ヴィジャヤナガラ王朝（十四世紀末—十七世紀始め）		
一三九八	ティームール、デリーに侵入す	ニンバールカ（十四世紀）	
		マーダヴァ（十四世紀）	サーンキヤ・スートラ
		ラーマーナンダ（十四世紀末—十五世紀初）	
		シュリーパティ（一四〇〇ころ）	ヴィディヤーパティ（十五世紀）
		ナームデーヴ（十五世紀前半）	
一四九八	ヴァスコ・ダ・ガマ、インドの西海岸に達す		ミーラー・バーイー（十五世紀）
		マドゥスーダナ・サラスヴァティー（一五〇〇ころ）	ヴァースデーヴァ（十五世紀末）
一五一〇	ポルトガルがゴアを占領す	カビール（一四四〇—一五一八）	
一五四二—一六〇五	アクバル統治	ヴァッラバ（一四七三—一五三一）	ヴィジニャーナ・ビクシュ（十六世紀後半）
		チャイタニヤ（一四八五—一五三三）	

		ナーナク（一四六九—一五三八）	
一六〇〇	イギリス東インド会社設立	ラグナータ（一四七五—一五五〇ころ）	アンナン・バッタ（十六世紀末）
一六〇五—一六二七	ジャハーンギール在位	トゥルシー・ダース（一五三二—一六二四）	
		エークナート（一六〇八歿）	
一六一八—一七〇七	アウラン・ゼーブ	ハル・ゴービンド（一六〇六—一六四五統治）	
一六五九	ダーラー・シクー処刑	トゥカーラーム（一六〇八—一六四九）	
一六七二	サトナーミーの反乱	ラームダース（一六〇八—一六八一）	ダルマラージャ（十七世紀）
一六三〇—一六八〇	シヴァージー	ラームプラサード（一七一八—一七七五）	
一七五七	プラッシーの戦い	ラーム・モーハン・ローイ（一七七二—一八三三）	
一八〇二	イギリスがインドでフランスの勢力を破る	ブラーフマ協会設立（一八二八）	
		ダヤーナンダ・サラスヴァティー（一八二四—一八八三）	
一八四九	シク教徒征服終了	ラーマクリシュナ（一八三六—一八八六）	

一八五七	セポイの反乱
一八七七	ヴィクトリア女王が帝号を称す
一八八五	インド国民会議設立
一九〇五	日露戦争で日本勝利
一九四七	インド独立
一九五〇	インド連邦共和国成立

アーリヤ協会設立（一八七五）
大菩提会設立（一八九一）
ヴィヴェーカーナンダ（一八六三―一九〇二）
ティラク（一八五六―一九二〇）
インド奉仕教団設立（一九一六）
R・タゴール（一八六一―一九四一）
ガンジー（一八六九―一九四八）
オーロビンド・ゴーシュ（一八七二―一九五〇）
ラマナ（一八七九―一九五〇）
ネールー（一八八九―一九六四）

ヒンドゥークシュ山脈
カーブル
アーフガーニスターン
ペシャーワール
カシュミール
ラーホール
アムリツァル
ハラッパー
パンジャーブ
西パーキスターン
バルーチスターン
モヘーンジョ・ダーロー
チャンフ・ダーロー
アムリ
カラーチー
インダス河
ラージプーターナー
デリー
マトゥラー
アーグラー
ジャムナー河
ガンジス河
チベット
ラサ
ヒマーラヤ山脈
〔シュラーヴァステー〕
〔カピラヴァストゥ〕
カートマーンドゥ
ネパール
ブータン
〔コーサラ国〕
〔ミティラー国〕
〔バーラーナシー〕
〔ヴァイシャーリー〕
パトナー〔パータリプトラ〕
〔曲女城〕
ベナレス
アラーハーバード
〔マガダ国〕
〔ナーランダー〕
ヴィンディヤ山脈
バールフト
ガヤー
ブッダガヤー
〔アヴァンティ国〕
サーンチー
アーマダーバード
バローダー
ウッジャイン
〔ウッジャイニー〕
ナルマダー河
カーティヤーワール
東パーキスターン
ダッカ
カルカッタ
ガンジス河口
ブラフマプトラ河
ビルマ

アジャンター
オリッサ
〔カリンガ国〕
プリー
マラーター
ボンベイ
プーナ
ゴーダーヴァリー河
ハイダラーバード
アラビア海
クリシュナー河
ベンガル湾
ゴア
〔ヴィジャヤナガラ〕
マイソール
マドラス
バンガロール
クールグ
ポンディチェリ
マラーバール
コチン
ケーララ
セイロン
キャンディ
コロンボ
○ 現在の都邑
× 歴史的遺蹟
〔　〕内は古代の地名

インド全図

R

N

ローマ字索引

A

ム

メ

ヘ

ホ

ヒ

チ

ソ

タ

シ

サ

ク

キ

イ

ウ

事項索引

ア

KODANSHA

本書の原本は一九六八年に『インド思想史 第2版』として岩波書店から刊行されました。原則として底本を可能な限り尊重する方針に則っていますが、今日における読みやすさに配慮して、旧字は新字に改めました。また、現在では差別的とされる表現が含まれていますが、本書が執筆された時代環境を考え、また著者が故人であることから、そのままにしてあります。差別の助長を意図するものではありません。

中村　元（なかむら　はじめ）

1912−99年。東京帝国大学文学部印度哲学梵文学科卒業。東京大学名誉教授。専門はインド哲学，仏教学，比較思想。紫綬褒章，文化勲章，勲一等瑞宝章受章。著訳書に『初期ヴェーダーンタ哲学史』（岩波書店），『ブッダのことば』（岩波文庫），『慈悲』，『古代インド』，『龍樹』（以上，講談社学術文庫），『中村元選集』（全32巻＋別巻８，春秋社）など多数。

講談社学術文庫

定価はカバーに表示してあります。

インド思想史《しそうし》

中村《なかむら》　元《はじめ》

2024年１月11日　第１刷発行

発行者　森田浩章
発行所　株式会社講談社
東京都文京区音羽2-12-21 〒112-8001
電話　編集（03）5395-3512
販売（03）5395-5817
業務（03）5395-3615

装　幀　蟹江征治
印　刷　株式会社広済堂ネクスト
製　本　株式会社国宝社
本文データ制作　講談社デジタル製作

ISBN978-4-06-534526-9

「講談社学術文庫」の刊行に当たって

これは、学術をポケットに入れることをモットーとして生まれた文庫である。学術は少年の心を養い、成年の心を満たす。その学術がポケットにはいる形で、万人のものになることは、生涯教育をうたう現代の理想である。

こうした考え方は、学術を巨大な城のように見る世間の常識に反するかもしれない。また、一部の人たちからは、学術の権威をおとすものと非難されるかもしれない。しかし、それはいずれも学術の新しい在り方を解しないものといわざるをえない。

学術は、まず魔術への挑戦から始まった。やがて、いわゆる常識をつぎつぎに改めていった。学術の権威は、幾百年、幾千年にわたる、苦しい戦いの成果である。こうしてきずきあげられた城が、一見して近づきがたいものにうつるのは、そのためである。しかし、学術の権威を、その形の上だけで判断してはならない。その生成のあとをかえりみれば、その根は常に人々の生活の中にあった。学術が大きな力たりうるのはそのためであって、生活をはなれた学術は、どこにもない。

開かれた社会といわれる現代にとって、これはまったく自明である。生活と学術との間に、もし距離があるとすれば、何をおいてもこれを埋めねばならない。もしこの距離が形の上の迷信からきているとすれば、その迷信をうち破らねばならぬ。

学術文庫は、内外の迷信を打破し、学術のために新しい天地をひらく意図をもって生まれた。文庫という小さい形と、学術という壮大な城とが、完全に両立するためには、なおいくらかの時を必要とするであろう。しかし、学術をポケットにした社会が、人間の生活にとってより豊かな社会であることは、たしかである。そうした社会の実現のために、文庫の世界に新しいジャンルを加えることができれば幸いである。

一九七六年六月

野間省一

哲学・思想・心理

927
身体論 東洋的心身論と現代
湯浅泰雄《ゆあさやすお》著（解説・T・P・カスリス）

西洋近代の〈知〉の枠組を、東洋からの衝撃が揺るがしつつある。仏教、芸道の修行にみられる〝身心一如〟の実践哲学を、M＝ポンティらの身体観や生理心理学の新潮流が切り結ぶ地平で捉え直す意欲的論考。

931
マルクスその可能性の中心
柄谷行人著（解説・小森陽一）

あらゆる問題を考えるために必要な一つの問題として、柄谷行人は〈マルクス〉をとりあげた。価値形態論において「まだ思惟されていないもの」を読んだ話題の力作。文学と哲学を縦横に通底した至高の柄谷理論。

934
ウパニシャッド
辻　直四郎著（解説・原　實）

人類最古の偉大な哲学宗教遺産は何を語るのか。紀元前十五世紀に遡るインド古代文化の精華ヴェーダ。その極致であり後の人類文化の源泉ともいえるウパニシャッドの全体像と中核思想を平明に解説した名著。

946
エコエティカ 生圏倫理学入門
今道友信著

人類の生息圏規模で考える新倫理学の誕生。今日の高度技術社会の中で、生命倫理や医の倫理などすべての分野で倫理が問い直されている。今こそ人間の生き方に関わる倫理の復権が急務と説く注目の書き下ろし。

968
現代の哲学
木田　元著

現代哲学の基本的動向からさぐる人間存在。激動する二十世紀の知的状況の中で、フッサール、メルロ＝ポンティ、レヴィ＝ストロースら現代の哲学者達が負った共通の課題とは？　人間の存在を問う現代哲学の書。 電

1014
淮南子《えなんじ》の思想 老荘的世界
金谷　治著（解説・楠山春樹）

無為自然を道徳の規範とする老荘の説を中心に、周末以来の儒家、兵家などの思想をとり入れ、処世や政治、天文地理から神話伝説まで集合した淮南子の人生哲学の書。諸子から戦国時代までを網羅した中国思想史。

宗教

1778
秋月龍珉著（解説・竹村牧男）
誤解された仏教
霊魂や輪廻転生、神、死者儀礼等をめぐる問題につき、日本人の仏教に対するさまざまな誤解を龍珉師が喝破。「仏教＝無神論・無霊魂論」の主張を軸に、仏教への正しい理解のあり方を説いた刺激的論考。電P

1880
佐藤弘夫全訳注
日蓮「立正安国論」
社会の安穏実現をめざし、具体的な改善策を「勘文」として鎌倉幕府に提出された『立正安国論』。国家主義として結びついた問題の書を虚心坦懐に読み、「先ず国家を祈って須らく仏法を立つべし」の真意を探る。電P

1973
中村 元・三枝充悳著（解説・丘山 新）
バウッダ［佛教］
釈尊の思想を阿含経典に探究し、初期仏教の発生から大乗仏教や密教の展開に至るまでの過程を追い、仏教の壮大な全貌を一望する。思想としての仏教を解明し「仏教」の常識を根底から覆す、真の意味の仏教入門。

1980
M・ボイス著／山本由美子訳
ゾロアスター教 三五〇〇年の歴史
三五〇〇年前に啓示によって誕生したこの宗教は、キリスト教、イスラム教、仏教へと流れ込んだ。火と水の祭儀、善悪二元論、救世主信仰……。謎多き人類最古の世界宗教の信仰内容と歴史を描く本格的入門書。

1995
田上太秀著
仏典のことば さとりへの十二講
諸行無常、衆縁和合、悉有仏性、南無帰依仏……。人はなぜ迷い、悩むのか。仏教の基本教理を表す十二のことばを通し、無限の広がりを持つ釈尊の教えを平易に解説。さとりへの道を示す現代人必読の仏教入門。電P

2022
中村 元著
慈悲
呻きや苦しみを知る者のみが持つあらゆる人々への共感、慈悲。仏教の根本、あるいは仏そのものとされる最重要概念を精緻に分析、釈迦の思惟を追う。仏教の真髄と現代的意義を鮮やかに描いた仏教学不朽の書。